キリスト教文化のかたち

キリスト教文化のかたち

―― その思想と行動様式を学ぼう ――

金子晴勇著

知泉書館

はじめに

わたしは長らく私立大学と国立大学での哲学、なかでも倫理学を担当してきました。国立大学ではキリスト教のことを直に語るのを自粛し、仏教との比較でその特質を論じてきました。この国立大学を定年退職した最後の年に、「あとがき」に述べるようにある私立大学の国際関係学部で「キリスト教文化論」を担当するように要請されました。そこでキリスト教を第Ⅱ部で簡潔に、遺漏なく叙述するように心がけました。それも従来のように神学的ではなく、人間学的な行動様式として述べました。したがってこれまで一般に行われてきたものとは異なる観点から考察されています。またこのキリスト教に関する要約が一般の人々に役立つようにこころがけました。本書の叙述はすべてが短い要約ですので簡単にお読みいただけるものと思います。

目次

目　次

第II部　キリスト教とは何か

第Ⅲ部　キリスト教と日本文化

キリスト教文化のかたち

——その思想と行動様式を学ぼう——

第Ⅰ部　キリスト教文化とは何か

第一章　宗教と文化

「文化」（culture）は最も広い意味では「野蛮」と「未開」の状態に対比して、人類の生活水準が高まり、文字の使用によって拓かれた状態を意味しています。日本語の「文化」は世の中が開けて生活水準が高まった「文明開化」の略字です。したがって技術によって自然を人間生活の理想にまで高める精神的行為を意味しています。

1　文化の定義

文化とは一般的にいって二つの側面から理解されています。まず第一に個人的側面から理解されており、「文化人」といえば国や社会の教養階級を指しています、「文化」とは個人的に形成される人格の「教養」さらに趣味の育成と洗練、生活の改善を意味し、人間的な調和のとれた円満なる人格と教養を指しています。たとえば『教養と無秩序』（Culture and Anarchy）の著者アーノルドによると文化の理想は「あらゆる面において自己を完成し、そのあらゆる機関をもって甘美と光明と完成を憧れ求める人間生活」と説きました。

次に文化は客観的側面から捉えられており、個人の教養と生活から生まれ、遺産として受け継がれている特定社会の生活様式の全体とその伝統とを意味します。たとえば文化人類学者タイラーによれば、「文化とは社会の一員としての人間によって獲得されたものの複合的全体であり、その中に知識・信仰・芸術・道徳・法律・習俗その他の諸機能と習慣とが含まれます」。そこには人々の生活様式の巨大な集積と伝統とが普遍性をもって形成されています。つまり日本文化とかギリシア文化とかいった特定社会の全体的生活様式という文化の客観的意味が含まれています。

「文化」の語義

ところでギリシア語の「文化」に当たるパイデイア（paideia）は「教育」「薫陶」「育成」を意味しており、神や社会に役立つように個人を育成することを意味しています。イェーガーの大著『パイデイア』は個人と社会との有機的な絆としての「教育」の意義をギリシア世界から論じています。この言葉はラテン語ではフマニタス（humanitas）と訳され、「教養」を意味していましたが、やがて近代に入るとそれによって開発される「人間性」をも意味するようになりました。ラテン語では文化を表す言葉としてクルトゥーラ（cultura）が用いられましたが、この言葉はクルトゥス（culutus）と同義であって、「耕作・改善・教養・尊崇・礼拝」を意味しています。したがって人間生活との関連では文化は基本的には「育成」であり、「心田を耕すこと」に他なりません。このことは人間の本性が開発され得る素地と人間がまさしく人間となるという課題とを提示しています。しかも人間は特定の社会に生を享け、そこでの生活習慣と伝統とを受容しながら自己実現するのですから、文化の中で自己形成し、文化を離れては人間らしい生活は実現しません。それゆえ、「人間は文化的動物である」（キケロ）といえるでしょう。こうした思想は現代の人間学とも一致しいています。

人間と文化

現代の人間学の基礎に定着している基本的特質は、生物学者ボルグやポルトマンの学説であり、これが今日ゲーレンにより受容され、人間生物学として確立されています。とりわけ人間はヘルダー以来「欠陥生物」として理解されてきましたが、ゲーレンによってこの「欠陥」および「負担」を免除すべく、人は目標を立てて行動し、文化を形成するように働くと説かれました。とくに生物学者のポルトマンの有名な「子宮外早生の一年」なる学説は、直立歩行・言葉・技術的行動という基本特質が社会の中で育成される点を指摘しました。ここからゲーレンは「訓育」の意義を捉えています。彼によると人間は未形成の素材として生まれてきており、社会の中で育成される性質を最初からもっています。したがって、「人間は文化的動物である」ということができます。

こうした文化の二面性からわたしたちはその特質を次のように指摘できます。

（a）文化を創造する人間は自然の世界に所属していても、世界開放的にして超越的であり、自然に働きかけて文化を形成し、人間の理想に適した精神的世界を創造しています。

（b）文化は個人に対し社会的習俗や伝統によって作用していても、個人により引き継がれる場合、常に個人によって主体的に選別されたうえで受容されるため、それは生ける賜といえます。

（c）したがって個々人の選択と応答さらに改善によって文化は良くも悪くもなります。文化は没価値的なものではなく、個人の関心や価値観によって取捨選択がなされ、さらに集団の努力によって発展しています。

（d）文化は言語のような象徴的機能によって複雑多様に織り成される世界であり、複数にして特殊的かつ相対的であるため、宗教のような個人にとり絶対的に関心が寄せられているものとの両立が可能です。

それゆえ次に宗教と文化との関連を問題にしてみましょう。

2　宗教の定義

①「宗教」と religio の語義

宗教の定義は実に多様に行なわれており、これを簡単に述べることはできません。そこで、最小限知っておくべき事柄を略述することにします。まず、語源的な意味を述べておきましょう。漢字の「宗教」の内の「宗」は教えの中に潜んでいる究極の真理（要義・奥義・要旨）をいいます。この真理は言説を超えていますが、「教」は相手に応じてその真理を説いたものを指しています。ヨーロッパ語の religio は超自然的な出来事に出会った人を襲う畏怖感を抱いたとき、これに対して執り行われた儀礼を意味します。そこには二通りの読み方があって、そこに生じていることを「よく読む」とも、「再度結びつく」とも解されています。つまり聖なるものに出会って注意深く観察するという意味と聖なるものに再度関係をもつという意味とが含まれています。この聖なるものは必ずしも「神」を意味しません。仏教は周知のように人格的な創造神を認めていませんが、何らかの聖なるものを追求しています。こうした仏教を考慮して宗教を定義すれば、次のように言えるでしょう。「宗教とは人間の究極的意味もしくは価値である〈聖なるもの〉に関わる関心・経験・生活であり、聖なるものとの出会いに始まり、自己の霊性に目覚め、信仰によって聖なるものを受容しながら世俗の中に宗教文化の世界を形成する営みである」。ここで語られている「霊性」については後に詳述しますが、ここでは一応、人間の内なる「宗教心」や「信仰」であると考えてください。

宗教と文化

宗教は個人の内面的救済に根ざしていても、一つの文化現象となって客観的に実在しています。したがって、宗教は人が野蛮や未開の状態から文化的な状態へ移ったとき以来、家族や氏族といった共同体とともに古く、文化の重要な内容をなしています。宗教の目に見える現象には、祭司・僧侶・寺院・聖堂・礼拝行為・神話・教典・教義・祭典などがあげられますが、これらは、いずれも客観的な文化現象に属しています。これは宗教的な人間が本質的には信仰・霊性・宗教心によって聖なるものに捉えられているにしても、それと同時に極めて実践的に社会や時代に関与していくからです。そこにはアメリカの神学者P・ティリッヒの言う「宗教は文化の実体であり、文化は宗教の形式である」という原則が成り立っています。彼はまた「文化的創造は自己の宗教的背景を隠すことはできない」とも語っています。同様にT・S・エリオットも文化を「宗教の受肉」とみなし、「信仰と行動」との不離なる関係を説いています。さらに、歴史家C・ドーソンは「社会の宗教的組織」について考察し、その主たる形態は予言・祭司制度・祭儀・王位・法・神話であるとみなしています。さらに科学・形而上学・芸術・政治・倫理といった文化の諸側面を通して宗教は表出されていると説いています。もちろん、宗教と文化との関係はこれと別な関係も存在しています。

しかし、大別するなら次の三つの関係に分けられます。

（a）並行関係　ここでは宗教と文化に両者の関係は分断されています。したがって宗教が文化の否定として現われています。

（b）連続関係　ここでは両者の区別がなく、宗教がそのまま文化と同一視されています。または文化そのものが宗教として偶像視されています。

（c）文化が宗教の表現形態である関係　ここでは文化という相対的媒体を通して宗教的価値が実現しています。

この三者の関連を考えてみると、（a）は非連続を（b）は連続を（c）は非連続の連続をそれぞれ表明し、弁証法的な発展の関係をもっているので、（c）の形態が最善であることが判明します。

3　宗教の文化的機能

さらに、このように宗教が文化を通して現象すると考えるならば、次の三点が考慮されなければなりません。

①　社会や民族の統合に果たしている宗教の役割

古代社会では民族ごとに神をもっており、それによって強固な共同体的な統一が形成されてきました。神を立てて部族の連合が達成されたとき、個々の部族の神々を許容して一つの神を主神とした場合にはギリシアのように多神教となり、部族の神々を退けた場合にはイスラエルのように唯一神教となっています。いずれにしても宗教が社会的な統合の力を発揮していました。古代社会では個人は集団を形成することによってのみ自己の生活を維持することができましたし、小集団は結合してのみ存在を維持できたのです。この統合に神が量り知れないほど大きな力をもっていました。クーランジュの『古代都市』によれば、古代社会の統合に宗教が力を発揮したのは、信仰が個人の自由に発するとしても、一度信じたことに人は服従するという性質に由来しています。同じことは未開社会におけるトーテミズムによくあらわれています。北米インディアンに見られるように祖先を同じくする血縁集団は、原始的宗教性によって動植物の任意の種と自己を同一視し、この種であるトーテムによって集団は結合し融合されていました。トーテムとは「彼はわたしの一族のものだ」という意味をもっています。日本の氏神が小さい村落の氏神さまとして村人の統合の象徴をなし、神道の宗教によって天皇がかつては「現人神《あらひとがみ》」としてまた今でも「統合の象徴」として日本の社会に存在しているのも、同じ古代的な事情に由来するといえます。現代でも宗教と政治とは原則的には分離していても、現実には両者は密接に関係し、政治的・社会的に困難な問題を絶えず引き起こしています。また、身近な冠婚葬祭をみても分かるように、社会の最小の単位である家は宗教によって始まり、また終わっているといえます。

②　世界との一体感

宗教は社会にだけでなく自然の世界を含んだ世界にも深く関連しています。宗教は、生物や無生物にも霊魂が宿ると考えるアニミズムにまで遠く遡れるように、世界と自己とが一つの生命によってともに生かされているという感覚に根ざしています。自然の神秘的な力によって自己も生かされているという自然との一体感がそこに行き渡っています。ギリシア人は世界をコスモスと呼んでいて、大自然と自己の世界とはともに一つの法則（ノモス）によって生かされていると感じています。キリスト教においても世界と自己とはともに神によって創られた被造物であるという、世界との一体感が随所に説かれています。たとえば創世記二・七には「主なる神は土の塵で人を造り、命の息をその鼻に吹き入れられた。そこで人は生きたものとなった」とあり、詩編第一九編では「もろもろの天は神の栄光をあらわし、大空は御手のわざを示す」とあり、ローマ八・一八―二三では「じつに被造物全体が今日にいたるまで、ともにうめき、ともに産みの苦しみを続けている」と語られています。この生命の自己実現や自己創造が文化の土台をなしていて、このうえに精神が活動して文化的形成を実現しています。したがって、すべての生命がそこに向かって展開し追求している崇高なもの、究極的なものは、聖なるものです。こうして社会集団との一体感のみならず、自然的生命との一体感によって自然宗教が成立していますから、このような生命的自然を土台として精神が自己実現と自己創造によって文化を形成し、同じ生命が自己を超越するとき、宗教的文化が成立します。ここに文明の生態史観を確立することもできます。

③　文化的伝統との関連

宗教は個人の内面に発現するとはいえ、現実には宗教的な共同生活が営まれ、それによって宗教の生命は伝えられていきます。したがって宗教の母体はこの共同体とそこでの交わりであるといえます。ですから仏教を理解するためにはその信徒とともに修業に参加しなければなりません。キリスト教を知るためには教会の礼拝に参加しなければなりません。しかも現実の教団・教派に属している教会における礼拝・祭儀・宣教などの社会的行為と営みを通して宗教の生命は伝播しています。その結果、最終的には宗教の生命は国家的規模にまで拡大しており、イスラム国家やキリスト教的欧米社会を生み出し、世界の文化の形態は仏教文化・キリスト教文化・イスラム教文化といった地図でもって示すことができます。

しかし今日のような無神論的な世俗文化が支配的である状況ではこうした宗教と文化との関係はもはや存在していないと言われるかもしれません。たしかに近代文化が人間の主体性に立脚して創られていることからすれば、人はもはや神に絶対の信頼を寄せてはいないといえます。ところが人間には絶対者と関わりをもっている場があり、それは「霊性」（spiritus）とか「魂の根底」（Seelengrund）また「良心」（conscientia）と呼ばれてきました。この内心の場所が空のままであることは心理的にいって不可能であり、神を否定するなら、神以外の何らかの相対的なものによって埋められなければなりません。現にこの場所はさまざまな代用物たる偶像によって埋められています。たとえばマイ・ホーム・学歴・名誉・地位・女性・金・権力・美貌などに、はかなくも崩れ去る偶像の姿が見られます。さらに、それと明らかに表明されなくとも隠された形で宗教は人の心を占領していると言えます。そこには科学主義・共産主義・ナチズム・民族主義などに代用宗教や疑似宗教として侵入し、表口から宗教として締め出されていても、生活と文化の裏口から忍び込んでいることがあきらかになっています。

第二章　キリスト教の歴史的成立

1　イエスと原始キリスト教会

キリスト教は歴史上の人物ナザレ出身のイエスをキリスト（ヘブル語のメシア＝救い主）として信仰する人々の出現によって成立しました。ここではその概要を紹介してみましょう。

①　イエスの出現の意味

「イエスはキリストである」という使信こそ原始キリスト教会の宣教内容でありましたが、当時の人々にとってはローマの極刑に付けられた者が「救い主」であるということは容易には信じられないことでした。彼らのメシア待望は政治的な国家の復興に向かっており、苦難の下僕として贖罪の死を遂げたイエスの生涯は「隠されたメシア」であったのです。このイエスの生涯と事跡は新約聖書に記されています。新約とは「新しい契約」の意味であり、シナイ山においてモーセによって締結された「旧約」の更新を内実としています。旧約はパウロによって「古い契約」と呼ばれ、新約はエレミアによって「新しい契約」と呼ばれています（第二コリント三・一三、エレミア三一・一―三二）。イスラエルの歴史はこの契約の歴史であって、人祖アダムにまで契約は遡って記され、イエスと呼ばれたキリストにおいて実現したと語られています。なお使徒パウロは新しく起こってきたイエスの信徒たちをユダヤ教から分離させて、キリスト教を新しい世界宗教として確立しました。したがってもしもパウロがいなかったならば、キリスト教はユダヤ教の一分派にすぎないもので終始したでしょう。

② 信仰のキリストと史的イエス

新約聖書は旧約聖書とともにキリスト教の正典（canon）となっています。新約聖書は分量的には旧約聖書の三分の一にも満たないものです。二七の文書がそれに含まれ、四つの福音書と使徒言行録、および使徒たち特にパウロの手紙とヨハネ黙示録と続いています。これらの文書は異端の文書が雨後の竹の子のように多くでていた二世紀ごろから正典としての権威をもちはじめ、カルタゴ会議で公認されました。

イエスの死後しばらくして弟子たちによって宣教活動が開始されました。この宣教内容は「イエスはキリストである」ということであり、そのために書かれた聖書もイエスそのものの歴史的な伝記を記しているのではなく、当時の人々の信仰告白および信仰によって理解されたキリストの姿が記録として残されています。それゆえ、福音書の中には原始キリスト教会が宣教した「信仰のキリスト」と実在した「史的イエス」との間には啓蒙時代以来区別がなされています。史的イエスといってもイエス自身が歴史的に実在したことには些かの疑いの余地もありません。それは古代の歴史家たち、たとえばタキトゥスの『年代記』、スエトニウスの『カイザル列伝』、ヨセフスの『古代誌』などによって証言されています。イエスがパレスチナの総督ポンテオ・ピラトの下に処刑されたことは確実であるにしても、問題はなお神話的色彩の強かった時代に書かれた福音書がイエス自身の伝記を書き記しているとは単純に言えないということです。

③　聖書の学問的研究

こうして聖書の文献学的研究が古くから行なわれてきました。それは聖書を歴史的に成立した一つの文献として学問的に批判的に研究してきました。その中でも注目すべき資料批判と様式史について説明しておきます。

資料批判というのは共観福音書（マルコ・マタイ・ルカ）の資料についての研究であり、最も重要です。資料批判は二資料説から四資料説へと発展しました。前者は共観福音書が原マルコとＱ資料（マタイ、ルカに共通でマルコにない「イエスの語録」）から成り立っているという学説です。それに対して後者はそれに加えてＭ資料（マタイ原型、つまりマタイの特種でイエスの言句と譬え話から成る）、Ｌ資料（ルカ原型、つまりルカの特種で口伝資料から成る）という学説です。これはイギリスの学者ストリーターによって説かれたものです。

次に、様式史（Formgeschichte）の研究が第一次世界大戦後に起こってきました。これは旧約学者グンケルの類型史的研究によって導かれたものです。彼は「旧約のテキストの真の性格はテキストが書き記されたとき、実際生活においてはたした役割（生活の座 Sitz im Leben）によって決まる」と説きました。ディベリウスがはじめてこの方法を新約聖書に適応し、福音書のテキストをその独自の法則にしたがって把握し、原始キリスト教団の宣教に応じてさまざまな文学的な類型化が生じている点を明らかにしました。こうして文学的な様式とその法則が説教の中に見いだされ、これが福音書の伝承の基礎に存在していると考えられました。福音書の文学形式は、例話・短い物語・レゲンデ（聖人伝）・訓言・受難物語・神話の六つに大別され、この中で最も歴史性の高いのが例話であり、低いのが神話であると説かれました。さらにこの様式は研究者によって相違した類型化が行なわれ、たとえばブルトマンとその学派はいっそうラディカルな傾向を示しています。なお、今日ではこうした資料批判と並んで編集史的方法も行なわれるようになり、福音書記者の神学が重要視されるようになってきています。

2　原始キリスト教の成立

①　イエスとその弟子たち

原始キリスト教会はイエスの死後その弟子たちと使徒パウロの活動によってエルサレムから始まって海外に散在していたディアスポラのユダヤ人の間に広まっていきました。使徒言行録に語られているようにペテロを中心とした教団がエルサレムに設立され、最初はキリスト教徒の迫害者であったが劇的に回心して使徒となったパウロによって異邦人の間に福音が伝えられるようになりました。そしてヘレニズム世界に原始キリスト教会が成立するようになりました。

新しい宗教の創始者ナザレのイエスは父なる神の愛と信徒の交わりから成り立っている「神の国」の宣教と実現とに献身した生涯をおくり、ローマへの反逆罪により告発され、十字架の極刑に処せられました。イエス自身はイスラエルの預言者の系列に属するものとみなしていましたが、ユダヤの黙示文学が語っている「人の子」としての自覚をもってました。しかし彼の生涯は、第二イザヤの預言した「苦難の僕」にふさわしく、「隠されたメシア」と考えられました。

② ユダヤ教からの分離

イエスの死後、弟子のペテロを中心としてエルサレムに教団が結成されましたが、最初はユダヤ教の影響がきわめて強く、異邦人教会の建設にあたっていたパウロとの間に割礼や食事の規定をめぐって論争が起こってきました。これはユダヤ教の律法をどのように理解すべきかの問題であり、宗教と倫理との関連という重大な問題につながっていました。こうして「律法と福音」というキリスト教における教義上の最大の主題が論じられ、ユダヤ教の律法に対する「分離と関係」とが明瞭にされ、パウロによって次のように語られています。

ところが今や、律法とは関係なく、しかも律法と預言者によって立証されて、神の義が示されました。すなわち、イエス・キリストを信じる者すべてに与えられる神の義です。そこには何の差別もありません。（ロマ三・二一―二二）

こうしたパウロの力によってキリスト教はユダヤ教から分離し、古代の民族宗教の枠組みから開放されて、世界宗教として出発するようになりました。

このようなパウロの思想は彼自身の宗教体験と密接に関連しています。その体験はキリストをもってユダヤ教の「律法の終わり」とみなし、キリストこそ律法と福音という二つの時代を区別する転換点として捉えています。「キリストは、すべて信じる者に義を得させるために、律法の終わりとなられたのである」（ローマ一〇・四）。それゆえ彼は、契約に始まり律法を経て福音に進展している聖書宗教の最終段階に立っているとの自覚に立って、人間をも神の計画した救済史に即して理解して次のように述べています。

わたしの言う意味はこうである。相続人が子供である間は、全財産の持ち主でありながら、僕となんの差別もなく、父親の定めた時期までは、管理人や後見人の監督の下に置かれているのである。それと同じく、わたしたちも子供であった時には、いわゆるこの世のもろもろの霊力の下に、縛られていた者であった。しかし、時の満ちるに及んで、神は御子を女から生まれさせて、おつかわしになった。それは律法の下にある者をあがない出すため、わたしたちに子たる身分を授けるためであった。（ガラテヤ四・一―五）

ここに語られていることは古代ローマ社会と深く関連しています。この時代にはユダヤ教でもローマ社会と同様に父権が確立しており、子供の教育期間が定められ、相続人でも子供の時は下僕と等しく管理人の下にありました。また「霊力」（ストイケイア）というのは律法の「初歩的教え」を指し、それは同時にアリストテレス以来「世界構成要素」を意味しています。したがって人間は社会に拘束された状態として先ず規定されています。ところが御子キリストの福音によって子供は律法の支配から解放されているのです。その時、「子たる身分」つまり「神の子供たち」となる特権が授与されました。それは神に「父よ」（アッバ）と呼びかけうる親しい間柄に置かれていることを意味しています（同四・六）。さらに子供の身分の授与は世界への関わり方を変えているので、そこには世界からの逃避でも無関心もなく、奴隷としてではなく相続人として神と世界とに関わる新しい自己理解が生じています。

③　使徒後教父の時代

原始キリスト教の時代はイエスの直接的な印象と影響とが弟子や使徒たちから信徒の間に伝えられ、新しい信仰の感動によって福音の宣教が広汎に行き亘った力に満ちあふれた時代でした。これに続く時代は一般に「使徒後教父」の時代と呼ばれています。そこでは教会外のユダヤ教の伝統と合理的なヘレニズム文化の流入は避けがたく、キリスト教・ユダヤ教・ヘレニズムという三色刷りの文化が生じてきました。このことはローマの長老クレメンスやシリアのアンテオケ司教イグナティオスの手紙に表れています。ユダヤ教の道徳主義とヘレニズムの合理主義とが次第に人々の信仰を支配するようになってきており、こうした傾向は二世紀に入るといっそう強まっていきます。

第三章　キリスト教と異文化との接触

キリスト教の文化的特色は異文化との交流によって形成されてきました。わたしたちはこの交流の出来事を三つの時代と領域で考察することができます。最初はヘレニズム文化との交流であって、それはすでに旧約聖書の知恵文学に始まっており、新約聖書の背景に存在していたグノーシス思想との対決にも窺われますが、二世紀になるとヘレニズム文化はプラトン哲学として前面に立ち現われてきます。

1　ギリシア文化との交流

二世紀の中葉からキリスト教とヘレニズム文化との交流がいっそう進展していって、やがて両者の対決が不可避的になるまでにいたります。この交流は使徒後教父にみられるように次第に深まりを増し、教会の主流を形成するようになりました。こうした潮流を教会史家A・ハルナックは「福音のギリシア化」と呼びました。

①「福音のギリシア化」

もちろん、この運動や傾向によって福音の本質が覆われてしまっているので、キリスト教にとっては不幸な出来事であるといわねばなりません。しかし、ギリシア的な合理的精神によって素朴な福音信仰が反省されているのですから、現代アメリカの神学者P・ティリッヒが主張しているような「聖書宗教の基礎に立つ存在問題の採用」という積極的評価をこれに適用することができます。この運動に対するハルナックとティリッヒの解釈と評価は異なっていても、ギリシア古典文化との交流がキリスト教に新しい進展をもたらしていることは明らかです。

二世紀の後半にはキリスト教をヘレニズム時代の宗教思想であったグノーシス（霊智）によって解釈したグノーシス主義が勢力をえてきました。サトルニウス、カルポクラテス、バシレイデス、ヴァレンティヌス、およびマルキオンが勢力をもつようになりました。これらのキリスト教グノーシス主義という異端分派との対決というかたちでキリスト教は新しい思想上の展開を見ますが、これに加えてローマ帝国によるキリスト教の迫害が一段と強化されるようになりました。

この弾圧に対抗してキリスト教の真理を弁護し、道徳生活における健全性を弁明し、かつ異端を論駁する護教家が多数登場してきました。彼らは学問上「弁証家」（アポロゲーテン）と呼ばれます。二世紀にはアリスティデス、ユスティノス、タティアノス、アテナゴラス、テオフィロスが、三世紀にはテルトゥリアヌス、エイレナイオス、クレメンス、オリゲネスが、四世紀にはアタナシオスとアンブロシゥスなどが、そして五世紀にはアウグスティヌスが、それぞれ代表的弁証家として活躍しました。

ここでは二世紀のユスティノスをその典型として考えてみましょう。

② 護教家ユスティノスとプラトン主義

ユスティノス（一〇〇年頃―一六五年頃）はパレスチナに生まれ、ギリシア哲学とくにプラトンの影響を受け、イデアの神秘的直観にいたろうとしましたが、啓示による方法があるのを知ってキリスト教に入信し、後にローマでキリスト教を講じました。しかしマルクス・アウレリウス皇帝の治下、迫害を受けて殉教しました。彼は一生の間「哲学の衣」を脱ぎ捨てなかったように、キリスト教を「安全で有益な哲学」として説きました。キリストは神のロゴスを完全に実現し人間化された真理であるとみなし、プラトンも同じロゴスにしたがい、不完全ではあるが真理を語ったと説きました。そこから、プラトン哲学はキリスト教にいたる準備段階であることになり、ロゴスを完全に実現しているキリスト教を迫害することの誤りを指摘したのです。こうしたキリスト教の弁証論はギリシア哲学によってキリスト教を基礎づけ、キリスト教をギリシア化するものです。彼によって「キリスト」はもはやユダヤ的な「メシア」に代わって「ロゴス」として捉えられています。この結果、世界を知性界と感性界とに二分し、知性界の原理たるロゴスが感性界に「受肉する」ということが説かれるようになりました。「メシア」には民族をその苦難から救済するという「連帯」の意味が含まれていました。それゆえヨハネ福音書の冒頭で用いられている「言」（ロゴス）が「神の力」を意味し、非哲学的な意味で考えられていたのに、プラトン主義者がキリスト教に回心することによって、天上界のロゴスの受肉としてイエスが説かれるようになりました。

ハルナックは『キリスト教の本質』の中でこの点を次のように判断しています。

ロゴスをキリストと同一視したことは、ギリシア哲学と使徒の遺産とを融合する決定的な点となり、ギリシアの思想家たちを使徒の信仰に連れてきた。わたしたちの多くの者にとってこの同一視は受け入れがたい。なぜなら「ギリシア」世界と倫理についての思考はわたししたちを実在するロゴスに導かないからである。この［思考］形式は当時の人々の興味を吸収し、福音の単純さから人々の心を分離させ、福音をさらに著しく宗教哲学に変えたのである。

（山谷省吾訳、岩波文庫、二〇四頁）。

しかし、弁証家たちの哲学は、グノーシス主義とは相違して、まずキリスト教の基本信条を信じた上でそれを哲学的に弁明したのですから、やがて異端の論駁への道を開くとともに、キリスト教信仰の存在論的解明を試みたものであるともいえます。

③　ニカイア公会議と三位一体の教義

さて、神を父・子・聖霊の三位一体として説くことは人間との交わりを拓いたキリスト教の神の観念にとって決定的に重要な信仰経験に属しています。新約聖書の中にはすでに萌芽として三位一体の考えがいたる所に見られますが、明白な教説となっていません。元来ユダヤ教は厳格な一神論であり、異教は多神教でした。キリスト教はユダヤ教から一神教を受け継いできたのですから、神の他にキリストを神とすることは多神教に転落するように考えられました。そこで一神教の伝統に立ってキリストを神とみなさない異端が多く現われてきました。こうした異端思想との対決からキリスト教の最大の教義である三位一体が確立されたのです。この異端にはグノーシスの異端、キリスト仮現説、モナルキア主義（養子説とサベリウス主義）その他がありました。その中でも最大の異端はアレイオス（三三六年没）であり、このアレキサンドリアの司教も、三世紀の最大の弁証家オリゲネスの説いたキリストの父への「従属説」をさらに徹底させて、キリストを神と同一視することに反対しました。この一派による異端と分離の運動は当時の最大の係争となり、これを解決すべくコンスタンティウス大帝によってニカイアの公会議（三二五年）が開催され、三百人の司教が召集されました。この会議によって「ニカイア信条」が定められました。その本文は次のとおりです。

われわれは信ず、全能の父、すべて見えるものと見えないものの創造主である神を。神の子、われわれの主イエス・キリスト、すなわち父の本性より神のひとり子として生まれ、神からの神、光からの光、まことの神からのまことの神、作られずして生まれ父と同一実体である。天と地にあるすべてのものは彼によって造られた。われわれ人間とわれわれの救いのために下り、受肉し人となり、苦しみ、三日目に復活し、天に昇って、生者と死者を裁くために来るであろう。また聖霊をわれわれは信ず。（デンツィンガー・シェーンメッツアー『カトリック

教会文書資料集』浜寛五郎訳、エンデルレ書店、一九八五年、二七頁）

さらにキリスト自身について問題が持ち上がり、カルケドン公会議（四五一年）が開かれ、「キリスト」は「一つのペルソナの中に二つの性質」をもち、二つの性質は交流していると定められました。やがて次のような「使徒信条」が作成され、古代教会の共通な教義として認められ、今日にいたるまで全世界のキリスト教会において告白されています。

我は天地の造り主、全能の父なる神を信ず。我はその独り子、我らの主、イエス・キリストを信ず。主は聖霊によりてやどり、処女《おとめ》マリヤより生れ、ポンテオ・ピラトのもとに苦しみを受け、十字架につけられ、死にて葬られ、陰府《よみ》にくだり、三日目に死人のうちよりよみがえり、天に昇り、全能の父なる神の右に座したまへり、かしこより来たりて、生ける者と死ねる者とを審きたまはん。我は聖霊を信ず、聖なる公同の教会、聖徒の交わり、罪の赦し、身体のよみがえり、永遠の命を信ず。アーメン。

2　近代思想との関連と対決

近代思想は中世キリスト教の内から次第に成熟して開花していたのですが、やがて自己の生みの親に対し反逆していったため、キリスト教と近代思想との関係には二重構造が認められます。そこでまず近代思想の特色を要約して示しておきましょう。

①　近代という時代の特質

近代思想は一八世紀の啓蒙時代にいたって初めて全面的に開花しましたが、ルネサンスと宗教改革という近代初期から起こってきた近代的人間像の基礎の上に築かれたものです。そこで、近代的人間像の中核を形成しているものは何か、それを担った人間と社会はどのように生じたのか、と問うてみましょう。

一五世紀から一六世紀にかけてルネサンス運動が起こっています。宗教改革もこの運動の一環として成立しており、たとえば一五一七年にルターの「九五箇条の提題」が発表されて宗教改革が勃発したのですが、同じ年にヒューマニズム運動も頂点に達しており、フランス王のフランソア一世によってエラスムスは人文主義のアカデミーの創設に参加するように招かれました。彼はそれを辞退しましたが、新しい学問の開花を目前にし、友人ギョーム・ビュデ宛ての手紙で次のように叫んでいます。「不滅の神よ、なんという世紀がわたしの眼前に来たらんとしていることでしょう。もう一度、若返ることができたら、なんとすばらしいことでしょう」と。ルネサンスはここでいう「若返り」としての「再生」を意味します。この「ルネサンス」という言葉はフランスの歴史家ミシュレーが最初に用い、ドイツの歴史家ブルクハルトにより「世界と人間の発見」という意味が与えられて、今日一般に使われています。ですが、その意味内容が宗教的なものか、それとも自然主義的なものかと論じられてきました。すなわち、ルネサンスとは古代人の夢見た「黄金時代の再来」を意味するのか、それともキリスト教的復活を意味するのかと論じられました。ルネサンス時代のヒューマニスト、たとえばエラスムスでは古典に親しみながらもキリスト教信仰を堅持されていたため、両方の意味が混入しています。さらに宗教改革も信仰の復興、つまり信仰のルネサンスですから、ルネサンスと宗教改革はともに近代初頭の一六世紀における人間像を共有していた、少なくともそれを前提していたといえましょう。

②　近代思想の特質

そこでこの時代に共通している人間像の特質をいくつか挙げてみましょう。

フマニタスの理念　フマニタス（humanitas）はもとギリシア語のパイデイア（paideia）のラテン語への訳語ですし、「教養」の意味とそれに基づく「人間性」の意味とをもっているため、ギリシア・ラテンの古典文学の教師や学徒はフマニスタと呼ばれ、古典の文芸や哲学の再興によって明晰な思考に立つ円満な教養・調和・協力・平和の愛好精神が倫理の理想として説かれました。

「人間の尊厳」という主題　人間性の完成は人間の堕落していない神聖な原型に求められ、最終的には神に似た尊厳にまでいたろうとします。ピコは『人間の尊厳についての演説』でこの点について次のように語っています。「あなた〔アダム〕は自分の精神の判断によって神的な、より高いものへと新生できる。人間はみずから欲するものになることができる」と。ここにルネサンスの統一的宣言が見いだされます。

自然科学の定礎　近代自然科学の定礎者ガリレオ・ガリレイはキリスト教信仰よりもアリストテレスの形而上学に基礎づけられた伝統的自然学を攻撃し、自然をそれ自身から研究すべきであると主張しました。こうしてそれ自身に根拠を置く自然という理念が提示され、自然科学的世界像が形成されるようになりました。

主観性と個人の自由　人間はこの自然に属していても、自然を対象として自己を立てることにより、自然の外にでて、これを意識の内に捉える主観です。こうして人間は自然を超え、世界の中心的地位を占めるようになり、神と世界から自立した、自主独立せる個人の自覚に達していきます。このような個人は倫理的には他律を排除し、自律としての自由という理念にしたがって生きようとします。このような理念が近代人とその思想を決定しました。

技術文化の世界　近代人はホモ・ファーベル（homo faber「工作人」）と言われるように、観照的な理性人（homo sapiens）に代って、古代では奴隷の仕事であった工作が、そして工作とともに技術が重大な役割を演じています。ルネサンスの巨匠たちは芸術の制作と並行して機械を発明し、工作を促進しました。工作の技術により自然と人間との中間領域が新しい文化の世界としてそれ自体の独立性を帯びてきます。これこそ独自の規範と法則により創造された近代文化の世界なのです。ここから可能な限り自我を拡大していく自由な無職業人たる「普遍人」（homo universale）というルネサンス的万能人が生まれ、現世の職業労働から自己を解放することが理想とされました。ですが、それは宗教改革の禁欲的な倫理と職業観と全面的に対立するようになりました。

このような近代的人間観は自由の理念によって具体的姿を現わしてきます。

③　近代的理念の変質とキリスト教

近代的自由の理念とは、理性により自律し、人間が個人として行動の主人であり得る、との信念です。この「自律」（Autonomie）というのは中世から近代のはじめまでは「自由意志」（liberum arbitrium）によって語られていた事態であって、カントによって初めて道徳の中心概念として用いられるようになってきました。中世では、すでにアウグスティヌスにおいても、人間の意志決定の能力である自由意志は神の恩恵との関連において説かれてきたのであり、自由意志と恩恵との問題は近代に入ってからも白熱した議論を呼び起こし、一六世紀前半におけるエラスムスとルターとの論争、一七世紀のジェズイットとポール・ロワイアルの思想家たちとの論争、さらにピエール・ベールとライプニッツとの論争などが有名です。こうした論争を経てカントによって他律を排する自律として理性的道徳が確立されるようになりました。

カントは自律の原理を理性の先天的形式により定言的に立法する働きとして把握し、意志が自己自身に法則を与える自己立法にもとづいて自律としての自由を基礎づけています。こうした理性的自律の思想は一六世紀ではピコやエラスムスのうちに、またフランスのモリナや自由思想家たちに表明されていますが、じつは「その原理が行為者のうちにある人が自発的である」と規定したアリストテレスの自発性と選択の概念にも萌芽が認められます。しかし、近代の自由の思想をそれ以前の思想から分かつ最大の特徴は、理性以外のすべてを排他的に退けて、理性にのみ立つ点に、つまり理性的自律に求められます。こうして排他的に神と他者とを退けているため、近代自由思想は個人主義的になり、理性に撤していることから合理主義的になってきています。

このプロセスではルネサンス時代には当然のこととして前提されていたキリスト教の宗教性が消滅し、元来認められていた意味が変質するにいたっています。たとえば、「人間の尊厳」というルネサンスを統一する概念はピコ・デッラ・ミランドーラにおいてはキリスト教的な創造思想から説かれていたのに、カントになると人格の尊厳は道徳法則の担い手たる理性的に自律した自然的な人間、したがって物件の「値段」と対比される人間の「尊厳」や「品位」に求められ、もはやキリスト教的意味は認められていません。さらに、ドイツの社会学者ヴェーバーの説く「呪術からの解放」としての「合理化」は近代の初めでは、職業を天職とみなす宗教的な倫理によって支えられていましたが、資本主義の世界になるとそのような職業倫理は宗教の生命を喪失した「亡霊」と化し、「感性を欠いた享楽人、精神なき専門人」を産み出しています。ここに倫理的変質が認められ、近代人の代表的徳目である「勤勉」は「飽くことなき搾取」に変質しています。

総じて近代プロテスタンティズムによって起こってきた「世俗化」は、修道院のような聖なる領域の撤廃によって、世俗の中で信仰が活動することによって起こってきました。そこには世俗化の肯定的意味があります。しかし世俗化が過度に進むと、拝金主義や商品の物神化に見られるような「世俗主義化」に変質しています。

このようにして近代思想はキリスト教から生まれた子供であったのに、今や親とは全く異質な鬼子に変質し、産みの親たるキリスト教に対し公然と反抗するようになりました。ここから近代思想とキリスト教との対決という構図がでてきています。

3　近代思想とキリスト教との対決

次に、わたしたちは、近代思想の特質としてあげられる合理主義と個人主義を、近代哲学の開祖デカルトにおいて具体的に学び、さらに彼に対決しているパスカルの思想的特質を明らかにしましょう。

① デカルトの合理主義と個人主義

近代の新しい人間観は、神や世界から人間を捉えるのではなく、人間の世界経験からすべてを合理的に解明していくところに現われています。つまり、人間が宇宙の中心に立って自律的に世界に向かい立つ「主観」としての自覚と、倫理的には行動の「自由」とを確立することが、近代的人間とその思想を決定するようになりました。デカルトにおいてこのような人間中心的な方向が初めて哲学的な思想として結実しました。彼は自己の最も深遠な思想を定式化する前に、どのような「道に従って」（メタ・ホドス「方法」）真理の探求をなしたかを『方法序説』の中で詳論しています。デカルトは学園にいたとき人文学という「書物による学問」の基礎が不確かであることを知ると、「世間という大きな書物」から学ぼうとして、学園を卒業すると同時に彼は旅立っています。ところがこうして世間から学んだことも国によって異なる相対的なものにすぎないと悟り、これまでの学問方法の無力と社会通念や常識の相対性とから解放されて、彼は自己自身の内へと探求の方向を転換しました。

かように数年をついやして世間という書物の中で研究し、多少の経験を積もうと努力したのちのある日のこと、わたし自身によってもまた本気で考えよう、そうして辿るべき道を選ぶためにわたしの精神の全力を尽くそうと、わたしは堅く決心したのである。
（『方法序説』落合太郎訳、岩波文庫、二二頁）

デカルトもまた幾何学的方法による学問の再建を試み、「方法の四教則」を確立し、第一教則「明晰判明に認識されたものが真理である」を哲学に適応し、絶対的に明証なものを探求していって、「わたしは考える、それ故にわたしはある」（Cogito, ergo sum）との哲学の第一原理に到達しました。こうして「思考している自我」（ego cogitans）の確実性こそ「主観」に他ならず、自我の前面に広がっている世界は「延長したもの」（res extensa）たる「客観」となりました。

哲学の第一原理を発見した叙述を追って行くと、デカルトが自己の思想をすべて一人で発見したかのように語られています。「方法の四教則」を見出したドイツのウルム郊外の寒村での生活は「終日ただひとり炉部屋に閉じ籠もり」と語られ、都会や家はひとりの人によって設計されたほうが優れていると力説し、「わたしの計画は、わたし自身の思想を改革することに努め、すべてわたし自身のものである基礎の上にわたし自身の思想を構築するというにとどまり、決してそれ以上には出なかった」（前掲訳書二六頁）とあり、さらに「闇の中をただひとり歩く人のように、そろそろ行こう」（同二八頁）とも述べられています。しかし、研究者たちが指摘しているように彼の著作には中世のスコラ哲学の影響が大きいし、Cogito, ergo sum. もすでに古代の思想家アウグスティヌスの Si fallor, sum,「誤まってもわたしはある」に由来しています。また、彼はオヴィディウスの言葉「よく隠れたものはよく生きたのである」にしたがってパリを離れてひとりで生きたと言いますが、実際の生活はどうであったのでしょうか。さらに自己自身の上にその思想を建てたと言いますが、真理の発見にいたるまでの当座の準則（暫定的道徳）をみると、宗教・国法・慣習には服従していく態度をもっていたし、「自由意志」の問題でも当時のジェスイットに迎合し、自説を変更したりしています。この準則の第三の格率は「運命よりはむしろ自分に打ち勝とう、世界の秩序よりもむしろ自分の欲望を変えよう」と努めるものでしたが、その理由としてあげられているのは、「一般的にいえば、わたしどもの権力の枠内にそっくり有るものはわたしどもの思想だけである」とされています。これではストア主義にすぎないし、単独の個人というものは総じてありえないのに、個人の独立を彼は願っているとしか考えられません。彼の時代はたしかに革新の時代でした。「良識はこの世のものでもっとも公平に配分されている」との『方法序説』冒頭の言葉に示されているように、「良識あるいは理性」による人権宣言が高く掲げられていて、理性に従う合理的な改革を彼は試みていますが、いまだ大衆はこの革新を担い得るまでに成長していないため、個人の思想において改革を実行しようとしました、と彼は主張しています。そのことは同時に彼の思想が教会や国家にとり危険なものでないことを示すことにもなりました。したがって、彼の個人主義は合理主義の思想上の革新にとどまったのです。

「主観的思惟」(Cogito) からすべてを開始するデカルトは合理主義的思想家です。しかもこの思惟が真理の発見のために「方法的懐疑」として実行されたように、強力な意志によって支えられていました。このような思想は理性を人間のもっとも重要な本質とみなし、その配分の公平さにより人間の平等を捉え、人権宣言の提示にまでいたるとき、近代の社会思想の出発点となっています。しかし、『方法序説』における彼の姿は、「真っ暗な闇に閉ざされた森の中を理性の光を頼りに一人で淋しく歩む」探険家のイーメジを呈しています。そのため、この「主観的思惟」は本来すべての人に見られる普遍性をもっているのに、現実には「主観」は「個人」とみなされ、その思想は個人の営みに限定されています。実際、革命的な思想も個人に限定しておけば、時代の権力とも衝突することなく、デカルト個人の利益ともなったと思われます。しかし、他者との関係を断ち切った独立した個人というものは、彼の願望がいかに強くとも、現実にはどこにも存在していないのではないでしょうか。

② パスカルのデカルトとの対決

パスカルはデカルトと同時代人であっただけでなく、ともに数学者であったし、また認識論では明証説を共有し、一時はデカルト主義を奉じていたときもありました。しかし、人間観においては両者は全く相違しています。すなわち、パスカルの人間観は「人間はひとくきの葦にすぎない。自然の中で最も弱いものである。だが、それは考える葦である」という断章に明瞭に示されています。デカルトも人間の本質を「思考」においていますから、「考える」点では両者はそこに人間の「偉大さ」を捉えておりました。ですがデカルトが「人間＝思考」とみなしていたのに対し、パスカルの「考える葦」の主張は同時に人間の現実に注目し、その「弱さ」を「悲惨」として捉えています。そしてこのように人間を理解するためには科学的な「幾何学的精神」では不可能で、同時に「繊細な心」がなければならないと説きました。デカルトの合理主義ではこの人間の繊細さ、多様性、自己矛盾は捉えられない、とパスカルは主張し、人間の根源的罪性の自覚からキリスト教の真理を弁明していきました。ここに近代思想に対する対決の姿が明瞭に示されています。

第四章　キリスト教文化のかたち

1　異文化との関連による類型化

いかなる文化にも統一的な型が存在しています。ちょうど人間の行動がその様式においてどれほど多様であっても、自己のうちに中心をもっている人格であるゆえに、各個人には行動の基本線があって、統一的形ができあがります。それは個人に自然に備えられています。それと同じように、個々の文化の中にも統一的な形や型が形成されていて、そこに文化の類型化が生じているといえましょう。したがってキリスト教文化は一般的にいってイスラム文化や仏教文化と比較すると独自の型をもっていることになります。しかし、それも歴史を通して次第に形成されてきており、強固な文化的伝統となっています。

① キリスト教文化の統一的なかたち

この伝統となった文化的型は歴史的な形成物であるといえますが、他の文化と接触する以前にそれ自体の内に基本的な統一的な姿と秩序また社会的組織と法とを備えていなければなりません。その上で、一つの文化が他の文化と接触するときに、自己以外の多くの文化的可能性を受容しながら、文化変容を起こし、さらに自己の文化を豊かに形成していくことが起こります。とはいえ、そこにはその文化の伝統が連続的に展開してこそ、意味ある発展に向かうことができます。この点でキリスト教とゲルマン文化との出会いについてイギリスの歴史家ドーソンが次のように指摘しているのは正しいといえます。

最初のうちは、このキリスト教会の任務の貫徹はほとんど絶望的に見えた。第一、ゲルマンの武士やケルトの農民がもっていた世界観は、高尚な文明に浸っていたローマの長官やギリシアの学者や東方の修徳者の世界観とは全く違っていたし、またゲルマン文化や社会的伝統には、文明化した教父時代のキリスト教思想や道徳的理想を理解するよすがとなるものが、何一つなかったからである。それにもかかわらず、キリスト教が未開野蛮な環境に没入し消滅してしまわなかったのは、ひとえにカトリック教会とその制度の賜物であった。それ独自の秩序の原理と独特の社会組織と特有な市民的伝統のお陰であった。もともとキリスト教は単なる一片の教えや生活などではなく、まさに一個の共同社会であった。そしてこの共同社会の有機的統一性と連続性とによって初めて、キリスト教の終始一貫した精神的・霊的伝統は維持されたのである。かりにもし、このようにしっかりした、法的で、組織的な共同社会が確立されていなかったとしたら、疑いもなくキリスト教は、その周囲の社会的環境の変化に応じて、自分の本質を変え、他のあらゆる目的や計画に迎合して、全く質の違った宗教に変化してしまったに相違ない。(『中世文化史』野口啓祐訳、八頁)

②　文化類型の歴史的形成

したがってキリスト教における文化の類型は、まず第一に異文化との接触の場面から形式的に取り出すことができます。歴史家による代表的な類型化の試みをあげてみましょう。

(1)　コックレン『キリスト教と古典文化』

ギリシア文化とキリスト教の出会いは次の三つの基本的形式で生じています。

文化の復興　ローマはキリスト教に依らず、自己の文化的土台であるギリシア文化の基礎原理に立ち返って文化の復興（reconstruction）を試みました。これはアウグストス皇帝の治世を模範として多くの皇帝たちが行なった試みでした。

文化の修築　ローマは他の優秀な原理を借りてきて文化の修築（renovation）を行ないました。これはコンスタンティヌスのようなキリスト教皇帝の時代に当てはまります。しかし、これは単に首をすげ替えた試みにすぎませんでした。

文化の改造　これはローマが根底からキリスト教によって生まれ変わる文化改造つまり再生（regeneration）の出来事です。これはアウグスティヌスの宗教と哲学によって生じ、中世に入ってトマス・アクィナスのキリスト教と文化との大規模な文化的統一で完成するにいたりました。しかし、近世に入るとこの統一文化は解体していく運命にありました。（『キリスト教と古典文化』金子晴勇訳、知泉書館、八七九―八八二頁参照）

（2）　ドーソンの『ヨーロッパの形成』

ドーソンは中世におけるこのような文化的統一体の歩みを、三段階に分けて考察しています。

起源の段階　それは、ギリシア・ラテン文化の中にキリスト教が入っていった時代で、ローマ社会とキリスト教は対立しますが、ローマ帝国のキリスト教への改宗とキリスト教的ローマ文化とが成立しました。

発展の段階　教会によるゲルマン民族の教化と古典文化の保存がなされました。ゲルマン民族は自己の固有の文化と社会制度をもっていたため、キリスト教文化と対立し、緊張関係が続きますが、この対立は中世統一文化を破壊し、キリスト教以前の古い民族的伝統に復帰しようとする試みを現代にいたるまで起こしています。

開花の段階　キリスト教は自己の力により新しい文化を形成し、社会の基礎づけをなし、ヨーロッパ諸民族もこれにしたがって新しい秩序を確立します。これが中世統一文化です。

ドーソンはまた社会現象としての宗教の形態にも注目し、①古代社会のように宗教が民族の成立に不可分に結びついている場合と、②宗教が完全に出来上がった文化・社会の中に入っていく場合と、③完成した宗教の方が未完成の、途上にある文化の中に入りこむ場合とを区別し、キリスト教の歴史は第三の場合の格好な事例であって、研究する価値がきわめて高いとみなしています。

2　キリストと文化との関係における類型化

次にキリストと文化との関係を体系的に分類することによって類型化を行なうことが可能です。代表的な例をあげてみましょう。R・H・ニーバーの『キリストと文化』(Christ and Culture)では次の五類型に分類されています。

①　文化に対決するキリスト

これはキリストと文化との対立が強調される類型です。キリストは文化の時間性と多元性から人々を引き離し、人々に「あれか・これか」の決断を求めていると理解されています。ユダヤ人がイエスを拒否したことは、キリスト教徒のユダヤ文化への敵対関係という対応現象を引き起こしました。この類型は修道院と分派運動と隠遁的キリスト者のグループが世を捨てることをすすめたり、宣教師たちが信者に異教的文化の放棄を要求することにも見られます。

②　文化のキリスト

これはキリストと文化との根本的一致を承認する類型です。ここではイエスはしばしば文化史上の偉大な英雄として扱われます。彼の生涯と教えはもっとも偉大な人間的業績とみなされます。人間の価値と憧憬は彼によって頂点に達し、文化の進路は正しい目標に導かれると説かれています。キリスト教と西洋文明との間に、イエスの教えと民主主義の制度との間にも、密接な関係を見たり、キリストと東洋文化との一致を説いたり、イエスを社会主義者と同一視したりする解釈にこの類型を今日見いだすことができます。

③　文化の上にあるキリスト

さきに述べた第二の類型は単に予備的な段階にすぎず、イエスは文化に対し連続するだけではなく、非連続で文化の上にあると説くのがこの類型です。キリストは人間的努力では決して到達できないような賜を天から携えてこないならば、真の文化は実現できないと言うのです。こうした総合的な類型はトマス・アクィナスと彼に従う人たちが典型的な代表です。

④　矛盾関係にあるキリストと文化

キリストと文化とを二元的な権威として認める類型がこの立場です。この両者はキリスト者の生涯において相互に決して一致せず、しかも両者とも従わねばならない権威とみなされます。この立場は、第二と第三類型のようにキリストの要求を社会に順応させることを拒否しても、神への忠誠と同じく社会への忠誠とを承認します。こうして人間は二つの世界と二つの道徳に支配され、相互に対立している矛盾関係に生きることになります。そのために「キリストと文化との両極性と緊張関係において人生は、歴史の彼岸に横たわる義認を望みながら、危うげにしかも罪深く生きなければならない」ことになります。ルターがこの類型のもっとも偉大な代表です。

⑤　文化の改造者キリスト

これはキリストをして文化の中で人間を回心させ改造すると説くもので、第一と第四の類型とともにキリストと文化との断絶面を捉えていますが、第一の類型のようにこの世からのキリスト者の分離を説かず、また第四の類型のようにキリスト者を超歴史的救済を期待するような忍耐にも導きません。「なぜなら、文化なしに自然はなく、社会以外の場所で人間が自己および偶像から離れて神に向かう道はないからである。この解答の偉大な大綱が提供されたように思われるのは、アウグスティヌスにおいてである。ジャン・カルヴァンはそれを公然たるものにした」と説かれています。

しかし、これらの類型のうちいずれか一つをもってキリスト教を唯一の立場とみなすことはできません。キリスト教の伝統の中でこれらは互いに影響しあっているため、いずれの立場を選択するかは各人の決断に委ねられています。

では、イエス自身は文化に対しどのような態度を採っていたのでしょうか。彼はイスラエルの預言者の伝統に立っています。それによると神が創造した世界は善であるが、世界そのものは神ではなく、むしろ神の審判の下におかれています。それゆえ、文化という神の恵みも神の審判という宗教との関係に立っています。したがって彼はユダヤ教の当時腐敗した文化形態を批判しながらも、「私は律法を廃するためではなく、成就するためにきた」（マタイ五・一七）と宣言し、社会や家族を強く肯定しています（マルコ一〇・六―九）。つまりイエスは文化を否定する禁欲主義者ではなく、現世主義化した文化形態を攻撃し、富のような財も、神に対し有害であるかぎり、拒否します。「人は神と富に兼ね仕えることはできない」（マタイ六・二四）と語られているように、神と対抗する力である富はもつべきではないにしても、神によって相対的に認められ、神への愛において秩序づけられているとみなすべきです。この愛の秩序をキリスト者の倫理の中心に据えたのはアウグスティヌスでした。この秩序に関しては拙著『愛の秩序』（創文社）を参照してもらいたいです。

ここで結論として私個人の立場を述べるならば、私は上記の第四の類型でキリスト教と文化との関連をこれから扱ってゆくことにしたいです。

第五章　教会と文化

これまで私たちが考察してきたのはキリスト教という宗教と文化との関連についてでした。一般的にいって宗教と文化という関係には主観的側面と客観的側面とがあって、とくに客観的側面を問題にする場合には「教会と文化」として扱われてきています。そこには個人的側面よりも、信徒の集合体である教会と社会や世界との関係という客観的な問題が論じられています。そこでまず、教会と世俗社会との関係から考察していきましょう。

1　教会と世俗社会

「教会」（エクレシア）は元来、信徒の「交わり」（コイノニア）を指しており、この交わりは同時に「社会」を意味してます。実際、教会は本質的には「聖徒の集まり」（congregatio sanctorum）とラテン語では呼ばれてきました。この純粋な人格的な集合体は、現実には社会において「教会」という形式と制度とをもった「共同体」を形成しています。

①「教会」（エクレシア）の歴史的形成過程

しかしこの共同体はイエスの「神の国」ですでに明らかなように、古代的な民族共同体に基礎を置いてはいません。それは純粋な人格的集合体であり、イエスは弟子たちとともに神の愛に立つ信仰の「交わり」をもち、その死後、使徒たちはこの交わりに基礎を置く原始キリスト教の「教会」を設立していきました。これはイエス自身がともに生活をした原型にならうものであって、その特質は使徒言行録に見られるような財の共有によって成立する共同体でした。

信者たちは皆一つになって、すべての物を共有にし、財産や持ち物を売り、おのおのの必要に応じて、皆がそれを分け合った。そして、毎日ひたすら心を一つにして神殿に参り、家ごとに集まってパンを裂き、喜びと真心をもって一緒に食事をし、神を賛美していたので、民衆全体から好意を寄せられた。（使徒言行録二・四四―四七）

この生活様式は「宗教的愛の共産主義」（トレルチ）といわれる性質の共同体でした。その経済生活については次のように語られています。

信じた人々の群れは心も思いも一つにし、一人として持ち物を自分のものだと言う者はなく、すべてを共有していた。……信者の中には一人も貧しい人がいなかった。土地や家を持っている人が皆、それを売っては代金を持ち寄り、使徒たちの足元に置き、その金は必要に応じて、おのおのに分配されたからである。（使徒言行録四・三二―三五）

しかし、この消費の共産主義に立つ共同体は、キリスト教の発展とともに広まることなく、次第に解消していった。とはいえ、信徒の群れはローマ帝国による幾多の迫害にもかかわらず、また最初は奴隷の間に主として広まっていったにもかかわらず、やがて地中海世界にまたがるカトリック教会が形成され、ローマ帝国と並ぶ文化的一大勢力となりました。コンスタンティヌス大帝は教会の勢力を無視できず、キリスト教によって帝国の再建を意図するようになり、ミラノの寛容令やニカイアに第一回公会議の開催が発令され、国家の権力を背景にしてそれが実現されるようになりました。こうしてカトリック教会が歴史的に成立したり、カール大帝によって神聖ローマ帝国が創立されているところを見ても分かるように、政治的権力によって教会は保護され、かつ、維持されながら文化的統一を達成したのでした。

② 教会と文化との対立と統合

このようして中世カトリック教会は教会と文化とを統合する「統一文化」を形成しました。そこには区別を前提とした統一であったにしても、教会と文化との統合が強く意識され、分裂の意識は次第に消えていきました。この文化的統一は「キリスト教共同体」(corpus Christianum)を実現し、それ以前の古代の共同体に見られる民族の枠を超えた普遍的統合を可能にし、これが「神聖ローマ帝国」の成立をもたらしました。さらに中世においては古代文化の遺産は修道院に保存され、古代文化との連続性が保たれています。このことは映画「薔薇の名前」に一四世紀の修道院の文化状況が見事に描きだされていることからも知られます。しかし、やがて個人の自立の意識の高まりと近代国家の成立によってこの統一は崩壊していきます。カトリック教会成立以前の古代と、近代から現代にかけて、教会と文化との対立と緊張は高まっていき、大きな問題となりました。

対立	古代文化とキリスト教
統合	カトリック教会の統一文化
対立	近代キリスト教文化と近代文化
統合	現代キリスト教会の統一文化

このような歴史的状況を考えてみると、教会と文化との間には右記のような図式が成り立ちます。

このような対立と統合とからなる教会と文化との弁証法的運動の動態は「聖と俗」との関係として次のように考察することができます。

2　聖と俗

教会は聖なるものが現われるべき社会的な組織であり、文化は世俗的なものが現われる社会的現実であるとみなして、聖なる社会と世俗の社会との関係を考察することができます。

① 聖なるものと世俗との正しい関係

聖なるものは世俗を超越したものであり、無制約的にしてすべての存在者の根拠である聖性、つまり神性の属性（本質的特質）です。それゆえ神の性質は聖であり、働きにおいて全知・全能であるといわれます。しかし、もし私たちが神と世界とを、また宗教と文化とを一体化させようとすると、神＝世界の汎神論や一元論となり、世俗を超越した聖なるものの深淵と意味の根拠を喪失してしまいます。聖なる、無制約的な根拠を志向することこそ宗教的信仰であるのに、教会がいつしか信仰の超越的内容である聖なるものを失い、聖なるものに代わって個別の制約された現実に囚《とら》われ、それらを偶像視し、有限な社会的現実のみに目を向けるならば、世俗世界に転落してしまうことになります。

したがって、聖なるものへの志向と世俗への志向とは根本的に相違しています。しかし両方向は、一方が他方の媒介になることによって、統一され、そこから宗教文化と世俗文化とが創造されます。もし聖なるもののために俗なるものが使用される道具となるならば、俗をとおして聖は実現され、宗教文化もしくは教会文化は実現されますが、その反対に俗が聖なるものを道具として使用するならば、腐敗した教会政治が横行するようになります。教会と文化との関連はこの二つの方向のいずれかに向かっていますが、教会も自己の現実を超えて、文化も自己の現実を超えて聖なるものに向かうとき、それ自身の使命に忠実であることになります。つまり教会が存在するために受容すべき世俗的な文化の形式が聖なるものの内容で満たされ、聖なるものの内実が世俗の文化的形式で表現されるとき、教会と文化とはともに本来の使命を実現していることになるといえましょう。

②　現実の教会の転落しやすい陥穽《かんせい》

ところが現実の教会は自己が採用した文化的形式を絶対化し、個別的形態にすぎないものを無制約的なものとみなし、自己の存在を神の国と称する場合が多くみられます。このとき教会は高慢に陥り、デモーニィシュな他律的支配の下、自律的な文化と社会に暴力を加えることが起こります。そうすると世俗的なるものの自律性が教会の他律性に反抗して立ち上がるようになります。このような対立と反抗とに巻き込まれると文化は重大な誤りを犯すことになりかねません。それは文化がもっていた聖なるものとの、つまり超越的意味根拠との内的連関を失うことによって、意味の空洞化が生じ、自己絶対視というもう一つのデモーニィシュな自律的支配を生み出し、文化の自己破壊を招来することになりかねません。近代文化の問題性がここから生じ、たとえばベルジャーエフは『歴史の意味』のなかで「ヒューマニズムの自己破壊的弁証法」を説いています。

つまり人間の自己肯定が高次の目標に結びつかないと自己破壊を起こすというのです。ヒューマニズムは人間性をどこまでも擁護し、その偉大さを追求していますが、神や他者をも排除してまでも、自己の自律性を主張するとき、ある運命的な重力が働いて、その偉大さは一転して悲劇となってしまいます。このことは近代文化に内在している弁証法であるといえます。

③ 教会と文化との統合の在り方

このように精神史的考察から帰結することは、本質的には教会と文化は、ともに聖なるものを自己を支えている内実として受容できる媒体もしくは道具となることができますので、聖なるものと一体的であっても、この一致を現実に実現する場合、他律的教会と自律的文化とに分裂してしまうことが起こります。この他律と自律とは神律によって統合されることができますが、中世統一文化のような神律文化といえども歴史においては他律と自律とに分裂しながら崩壊する運命を免れることはできませんでした。宗教改革の倫理は神律文化の復興でありましたが、宗教的な生命の枯渇によって自律文化の支配に服しているのが現在の状況です。そこで教会と文化とは聖なるもの、たとえば聖書の使信によって絶えず批判的に吟味されるか、預言者のような存在の出現によって指導され正されるか、何らかの形で不断に軌道を修正する必要があるといえます。人間の手に委ねられるやいなや聖なるものは変質する宿命をもっているのです。とはいえ、聖なるものを欠いては宗教も教会も文化も成立しません。また教会と文化という表現手段を欠くと聖なるものも現象できないといえましょう。それゆえ「私たちはこのような宝を土の器に納めています。この並外れて偉大な力が神のものであって私たちから出たものでないことが明らかになるために」（第二コリント四・七）とパウロとともに告白すべきです。したがって、教会がその内実たる聖なるものを失い世俗化する危険に曝されているとしても、日本の「無教会」のように教会自体を否定することは間違いです。なぜなら神の言葉（Verbum）は、無教会によって主張されるように、説話（oratio）に尽きるものではなく、礼拝・儀式・音楽・芸術・共同体・法という有限な媒体によってもその手段によって現象しているからです。それは次にあげる事例を考えてみれば、おのずと判明になります。

1　レンブラント作「イサクの犠牲」
2　山下りん作「聖母子像」（イコン）
3　バッハ「受難曲」その他
4　賛美歌とくにルターの「詩編」を題材にした賛美歌。

3　世俗の中の聖なるもの

価値というのは「意味あるもの」「大切なもの」を言い、私たちがなにかを選択する場合に「どちらを先にしようか」と考えるとき直面する事態です。この価値は色々と分類されています。最も一般的に通用している分類方法としては、価値の四段階、つまり有用価値、快適価値、生命価値、精神価値があります。中でも有用性とか快適性といったものが今日の生活には一般に意味があると考えられています。世俗生活はこれによって成り立っているからです。「世俗」つまり「この世的生き方」は、それ自体としても意味があって、そこにはこのような価値が浸透しています。しかし「有用」とか「快適」とかいう価値は「生命」と対比すると価値が下がってしまい、私たちは生命のためには有用性や快適性を進んで犠牲にしています。同様のことは「生命」と「精神」についてもいえます。すなわち、「ただ」生きても虚しく、「よく」生きることを私たちは願っています。さらに一歩進んで精神価値自身についても同様なことが言えるのではないでしょうか。

①　宗教的価値としての「聖なるもの」

精神価値は一般に「真」・「善」・「美」として認められていますが、それらの諸価値よりもより高い価値として「聖」が求められます。真・善・美という精神価値は理性により探求されていますが、「聖」という精神価値は霊性によって探求されています。この霊性というのは、理性と同じく精神の作用であり、英語やドイツ語では「霊」と「精神」は同じ単語によって言い表わされています。つまりspiritとGeistとは「霊」としても、また「精神」としても用いられています。日本語の「霊魂」も同様であって、「霊」と「魂」との両者を含んでいます。したがって、私たちの精神活動は理性と霊性との二つの作用からなり、理性によって真・善・美という精神価値が求められ、霊性によって聖という精神価値が求められている、といえましょう。そして真・善・美という高い価値といえども、至高の価値たる聖価値により導かれていないなら、私たちは間違い・過誤・過失・罪過・転倒・錯誤から免れないといえましょう。

では、そのように重要な「聖」価値とはいったい何をいうのでしょうか。「聖」それ自体を理解することは極めて困難ですが、それが「聖なるもの」として具体的に現象していることから理解の手がかりを得ることができます。聖なるものの現象形態には（a）聖者や使徒のような人間、（b）神殿や寺院のような建築物、（c）聖典や神話のような文書、（d）祭礼や儀礼のような宗教行事などが一般に挙げられています。たとえば教会の会堂の中では神の礼拝によって聖なるものが感得されるように祈願されています。したがって、ルドルフ・オットーが『聖なるもの』で解明した神観念によってこれを捉える試みもなされています。とりわけオットーがルターの研究からそれを始めていることも忘れてはなりません。

しかし、ここではルターの信仰の中に、しかも信仰の世俗に対する働きに、聖なるものがどのように現象しているかを問題にしてみましょう。

② ルターの職業観

聖なるものの現象としてルターの「隠れたる神」の観念が一般には問題にされていますが、ここでは、少し突飛のように想われますが、彼の職業観を取り上げてみましょう。というのは「職業」(Beruf, calling) という観念が聖書を訳した翻訳者ルターの信仰的な精神によって変化するにいたったからです。世俗の職業に Beruf (つまり召命＝天職) の訳語を当てた古典的箇所は旧約聖書の『シラ書』一一・二〇であり、その箇所の本文は次のようになっています。

契約をしっかり守り、それに心を向け、自分の務めを果たしながら年老いていけ。

それに対するルターのドイツ訳を参照するとこうなっています。

Bleibe in Gottes Wort und ubi dich drinnen/und beharre in deinem Beruff.

神の言葉に留まり、そのうちに身を置き、あなたの天職に固く留まりなさい。

この文中にある「務め」という単語に宗教的な「召命」を意味する訳語を当てたところに翻訳者ルターの職業観が端的に示されています。この翻訳者の精神に込められている意義を簡単に言うと、世俗の職業を神から与えられた天職とみなし、この天職に私たちは召命されている、との宗教的な職業理解です。

ところで聖書は多くの箇所で神による召命ということを語っています。たとえば第一コリント一・二八には、「兄弟たち、あなたがたの召されたときのことを、思い起こしてみなさい」とあって、信仰への召命については繰り返し言及されています。しかしこの召命が、信仰ではなく、世俗の身分に向けられた場合には、第一コリント七・一七から二四に見られるように、召命がルター以前の伝統的職業観の枠内に入れられたままで、そこには何の変化も生じていません。伝統的職業観というのは、職業の意味を生活を維持する範囲で認めていて、職業に固有な積極的意義を付与しない見方を言います。したがって聖書はこのような伝統的な職業観に立っており、ここに示されている「召されたときの身分のままにとどまりなさい」という勧告は「主からわけ与えられた分に応じ」授けられた召命であっても、それによって神の栄光に奉仕するといった積極的なものではありません。というのも「定められた時は迫っています」(同七・二九)とあるように、キリストの再臨が近いとの切迫した終末の期待のうちに当時の信徒たちは生きていたため、職業や身分に召命の観念が与えられていても、それ自体には何の変化も生じていなかったからです。

③ 世俗のなかの聖なるもの

それに対して職業観の変化は職業を積極的に天職とみる思想の中に生じています。中世では職業も上下の階層秩序の中に組み込まれていました。それは「聖職」という言葉に示されているように、世俗の職業に対する蔑視に端的に表現されています。ルターの宗教改革によって世俗から隔離された聖域たる修道院は完全に崩壊しました。これによって聖職と世俗の職業との区別は撤廃されていたのです。そして世俗的職業の内部での義務の遂行を道徳の最高内容とみなし、世俗的日常労働に宗教的意義が認められるようになり、神に喜ばれる生活は各人の世俗的地位から要請される義務を遂行することにあるとの思想が生まれるようになりました。これはルターの中心思想である信仰義認論から直接導きだされてきたものです。つまりキリスト者は神に対しては功績となる善行によらないで、ただ信仰によってのみ（sola fide）生きるのですが、隣人に対しては愛によって喜んで奉仕することに務めます。そのさい人間関係の媒体をなす職業を通して愛を具体的に実践することを道徳的義務とみなすのです。ここに「世俗‐内‐敬虔」とか「世俗‐内‐道徳」と呼ばれている基本的特徴が明瞭に見られるようになっています。

こうして聖が俗の中に信仰と愛とを通して深く浸透し、俗を内側から生かすようになりました。ここに宗教の社会的生産性が発揮され、近代は新たに宗教的文化を形成するようになりました。ところが信仰の生命が枯渇すると、俗が聖を排除し退けるようになりました。これが世俗主義化した現代の状況でして、無神論とニヒリズムによって示されている事態です。それゆえ、私たちは聖を俗が排除することによって生じた俗の自己破壊に直面して、初めて俗を真に生かす聖の内在化の重要性を自覚するようになりました。この立場こそ「神律文化」（ティリッヒ）であるし、「価値合理性」（ヴェーバー）と呼ばれているものです。

付記　カトリックとプロテスタント

ルターから起こってきた運動を一般的にはプロテスタントと言い、従来のキリスト教はカトリックと言われています。ルター運動は従来の教会改革に属しており、公会議を開いて改革を意図していました。その運動は宗教改革の発端となった「九五ヶ条の提題」にあるような単なる改革運動でしたが、大きな反響となり、ドイツ諸侯によってシュパイエルの国会で抗議（プロテスト）したことから改革運動は一般にプロテスタンティズムと呼ばれるようになりました。カトリックという言葉は「普遍的」という意味で、ローマ教皇を首長に仰ぐ教会のことです。両者はアウグスブルクの会議で（一五五五年）で領主の信仰において分かれ、ドイツの国教として定められました。しかし、今日ではエキュメニカル（一致運動）によって対立が終っています。

第Ⅱ部　キリスト教とは何か

キリスト教の教えをどのように理解したらよいのか。この疑問に対してこれだけは知ってもらいたいと、主要な思想を短く説明するのが、第Ⅱ部です。

第一章　創造思想

1　古代創造神話の比較考察

①　古代バビロンとギリシアの創造叙事詩

バビロンの創造叙事詩は紀元前二千年に書かれたものです。その冒頭の讃歌は始原の神々による新しき神々の誕生を次のように歌っています。

上なる天が命名されず、下なる陸が名を帯びざりしとき、生みの親、太古のアプスーと
その産婦、ムムウとティアマト　皆の水、一つに混じりたり。
やぶ、織り重なりて覆わず、足の草叢、見当らず。
神々いまし給わず、何人もなく、神々も名もて呼ばれず、

天命も定めを負わせざりし時、その時、その最中に神々創られたり。

ラムーとラハムーが現われ出て、名前もて呼ばれたり。

幾世も生き延び、大きくなり、背丈も伸びたり。

その時アンサルとキサルとが創られたり。……

アンサルは己が長子アヌを己れに等しく創った。

またアヌは己れの似姿なるヌディムドを産めり。

（ヴァイツゼカー『科学の射程』野田保之・金子晴勇訳、法政大学出版局、三三頁、引用以下同じ）


原始の海である男神アプスーは淡水の大洋であり、同じく原始の海である女神ティアマトは塩水の大洋です。この神々から生まれた神々のうちアヌは天の主であり、ヌディムドはエアとも呼ばれる海の支配者です。このエアからバビロン市の守護神マルドゥク、太陽神が誕生します。原始の神々と新しい神々とが戦いを起こし、マルドゥクは打ち倒したティアマトの身体から世界を創造し、エアはティアマトの血から人間を創造します。

主はティアマトの死体を見て、胴体を分かち、精巧なるものを創りて休みたり。

主は貝殻のごとく、彼女を折半し、半分を据えて天を覆えり。
エアは彼の血より人間どもを調合して創りだし、
神々の礼拝を課し、神々をば解放せり。

紀元前七世紀の詩人ヘシオドスは『神統記』の初めのところで宇宙創成の神話を記しています。


まことや初めに混沌（カオス）生じたり、次に生まれしは広い胸の大地（ガイア）なり。

そは積雪のオリュンポスの山頂に住む神々の久遠の住まいなり。

次には人通はざる地の果てタルタロス（真部の暗黒）が。同時にエロスも。

エロスは神々と人間すべての胸深く潜む欲情を緩めて抑え、
考え深い思慮をもうち馴らす。

さて混沌より夜とエレポスなる幽冥が生じた。

ガイアは己れに等しき大きさの星をちりばめたウーラノス（天）を産み、
更に天は大地を隈無く覆えり。久遠の神々の永遠不動の御座所として。

ギリシア神話では天と地の結婚から新しい神々が誕生しますが、ウーラノスはこどもが生まれると大地の奥に隠し、閉じこめてしまいます。大地は呻きて、奸策を目論むことになります。人間の創造に関してはギリシアでは色々に語られています。これらの神話と比較すると聖書の創世記にある天地創造の物語がいかに優れているかが分かるでしょう。それはどの点に明らかであるのでしょうか。

② 聖書の天地創造についての物語

旧約聖書の冒頭には天地創造の物語が記されています。創世記第一章から二章四節までの記事は学問上「祭司資料」と呼ばれています。それに続く第二章の終わりまでの記事は「ヤハウェ資料」と称されており、最古の資料であります。祭司資料というのはイスラエルの滅亡のときバビロンに連れていかれた祭司たちが当地の文化に触れ、自分たちの文化的伝統を保存するために古い記録に加えられたものです。中でも異教のバビロン神話に対決して彼らは天地の主なる神による世界創造を説きました。そのはじめの部分を引用してみましょう。

初めに、神は天地を創造された。地は混沌であって、闇が深淵の面にあり、神の霊が水の面を動いていた。神は言われた。「光あれ」。こうして光があった。神は光を見て、良しとされた。神は光と闇とを分け、光を昼と呼び、闇を夜と呼ばれた。夕べがあり、朝があった。第一日である。…神は言われた。「天の大空には光る物があって、昼と夜を分け、季節のしるし、日や年のしるしとなれ。天の大空に光る物があって、地を照らせ」。そのようになった。神は二つの大きな光る物と星を造り、大きな方に昼を治めさせ、小さい方に夜を治めさせられた。神はそれらを天の大空に置いて、地を照らさせ、昼と夜を治めさせ、光と闇を分けさせられた。神はこれを見て、良しとされた。夕べがあり、朝があった。第四の日である。

この創造物語には創造以前に混沌状態が置かれています。「神の霊が水の面を動いていた」とあって、バビロン神話で始原の神であった「水」の上に、それよりも高処にあって力において勝る神が「霊」をもって支配している様子が述べられています。ここでの「霊」（ルーアッハ）は「息」を意味しています。この息によって人は生きるものとされたとも語られています（二・七）。これに対し「水」と「地」は神ではなく、未だ形を与えられていない混沌とした「素材」にすぎません。この素材に神の息が吹き込まれると、それらは生命をもつ被造物となって生まれてきます。

次に「光あれ」と神の言葉が発せられています。それ以前は闇に閉ざされていたのですから、神の言葉は闇を駆逐する光として臨《のぞ》んでいます。この光は四日目に造られる太陽と月の光から区別されています。バビロン神話では主神マルドゥクは太陽神であり、月や星もこの星辰宗教では神々として崇められています。これに対し聖書宗教では人格神による天地創造が告げられ、太陽は大きい光る物、月は小さい光る物、つまり被造物であると宣言されているのです。したがって最初に「光あれ」と言われた場合の光は、物理的な光ではなく、神の霊が闇を駆逐する命の光となって世界に現われてきています。この光を受けて被造物は根源的に神への方向性を内に宿していることになります。それはちょうど植物が光に向かう脱自的傾向をもっているのと同じです。この被造物に潜んでいる神への方向性こそ創造思想の根底に存在している事態です。世界を含めて人間は有限な被造物であり、「被造物感情」を心の奥底にもっています。そこには人間は神ではなく、神に依存している人にすぎないとの自覚が認められます。

ヨハネ福音書記者は、その冒頭において、同様な思想を神の言葉の先在説として語っています。そこでは神の言葉（ロゴス）は神の力を意味しています。創世記で光が闇に対決していたように、神の言葉がこの世に関わり、創世記の霊は命として語られているのです。そして両者とも神の人への関与を「光」によって表明しています。神の言葉は「人を照らす光」として到来するキリストを指し示しています（ヨハネ福音書一・一―五参照）。

2　人間の創造神話の比較考察

①　ギリシアの神話時代における人間観

プラトンは『メネクセノス』でソクラテスが当時の人々の考えを寄せ集めてアテナイを次のように称賛しています。「かつて、全大地が動物と植物の両域にわたりあらゆる種類の生物を送り出し生み出していたときに、わが国土は野獣を生まず汚れを知らなかった。彼女は諸動物のなかから自分のために選択をなし、知において諸他の動物を凌駕し、ひとり正義と神々を信奉する人間を生み出したのであった」。人間は大地から自然に発生したというのが、一般的な見方でした。しかし、それとは別の見方もあって、神々が泥や粘土から人間を形造ったとも言われています。プロメテウスが土塊から人間を造り、人間のために天からゼウスの火を盗み与えた、といわれていますが、アイスキュロスの『縛られたプロメテウス』という作品で、人間の創造については語られていません。ヘシオドスも沈黙しています。ただ後代のオヴィデイウスがこの点に関して次のように伝えています。

野獣より神々しい生物、残りの全自然を支配すべき生物はまだ存在しなかった。それから人間が生まれた。その誕生の次第は次のふたつの場合のどちらかだと思われる。すなわち、造物神が神々の種子から人間を造ったか、それとも、大地が、高邁なアイテール［大空］から引き離されたばかりでまだ瑞々しく、親しい大空の種子をいくらか宿していたときに、プロメテウスがそれを降雨と混ぜ合わせ、万物を支配する神々の似姿へと造形したのか、そのいずれかであろう。（ガスリー『ギリシア人の人間観』岩田靖夫訳、白水社、四五頁）

次に人間の誕生についてのザグレウスの神話もギリシア人の思想をよく表現しています。また、ヘシオドスの五時代説も見過ごすわけにはいきません。人間の五種族が造られ、そのはじめに黄金時代があったと説かれています。黄金時代にせよ、英雄時代にせよ、現在失われたものが再び与えられるかもしれないという希望がそこに表明されています。ですが、この希望は、パンドラの「希望」のように、ペシミズムの暗い色彩によって覆われており、後代に説かれた外来の「円環」思想による「黄金時代」の再来のようには、強力なものではありませんでした。

ところでギリシア人のあいだにプロメテウス像も定着してくるに及んで、知性による進歩の観念が芽生えてきます。この神話化された人物のもっている意味は「前から知恵を働かす者」つまり「あらかじめ考える者」であり、そこから「先立つ思考」が人間にとり大切である点が示されています。ですから彼のもたらした恵みとは人間の理性活動の成果であり、千慮《せんりょ》の神に助けられて人は知性の働きによって進歩することができます。そこから技術文明も開花するし、新しい神ゼウスに対するプロメテウス的反抗としての自由も生まれます。

②　宇宙創造における人間の位置（創世記一章二六と二七節）

天地創造の物語の中には人間の創造についての記事がしるされています。「我々にかたどり、我々に似せて、人を造ろう」（一‐二六）、また「神はご自分にかたどって人を創造された。神にかたどって創造された。男と女に創造された」（一‐二七）とあります。前のテキストは一人称複数形で、後のテキストは三人称単数形で述べられています。前者の「我々」というのは「我」の強意的表現といえましょう（後代の神学者たちはそこに三位一体（父・子・聖霊）の存在を読みとっていました）。次に「かたどって」という表現は人が神と同じ形に造られたということを意味しておりません。神人同形説は、「神の像を追ってはならない」という十戒に反しますので、考えられていません。「かたどって」とか「似せて」とかいうのは、あるものに絶えず向かっていると、おのずからそのものの影響を受けてそれに相応しい存在に変えられることを意味しているといえるでしょう。

神と人とのこのような関係は、人を「男と女に創造された」ということによっても具体的に示されています。なぜなら、男と女とは性質を全く異にしているにもかかわらず、交わりをとうして協力し合い一致して生きるように定められているからです。男と女とが異質であるのに互いに他に向かい合って存在しているように、神と人とも対向し合っていると言うのです。神から人に「命の息（霊）」が吹き込まれると、人は生きるものとなったのですから、人もまた絶えず神に立ち向かって、その意志にしたがって自己を形成すべき使命をもっています。

③　堕罪と楽園喪失（創世記三章一―一二節）

人祖アダムの楽園での生活は創世記二章一五―一七節に語られています。そこでは農耕生活が営まれており、楽園の木の実を食することが許されていました。ですが、たった一つの木の実だけは例外でした。それは善悪を知る木の実で、それを食べると必ず死ぬとの戒めが与えられていたのです。「絶対的自由」というものは、「何処にもない」（ユートピア）ものです。もちろん動物には戒めはありません。動物は本能によって環境の中に組み入れられており生体の自然秩序に服していて、自由はないからです。それゆえ楽園の生活は動物と同じように無垢であるかのように考えられますが、たった一つの戒めといえども、それが与えられていることによって、人間の本質をなす自由が最初から存在していることが示されているのです。つまりその戒めを守るか否かは人間の自由であり、神は守り得ない戒めを与える筈がないからです。この自由とともに責任が伴い、同時に罪への自由も認められていることになります。戒めを守り得る自由は同時に、その反対の可能性も認められ、「反対の可能」とは「非必然性」という意味の「偶然性」を指しています。

アダムは動物の中で最も賢い蛇の誘いにのって禁断の木の実を食べ、神の戒めを犯すことになりました。禁じられるとどんなものでも魅惑的になってきます。「その木はいかにもおいしそうで、目を引き付け、賢くなるように唆していた」（前掲書六）と記されています。「賢くなる」とはいったい悪いことなのでしょうか。ある限度を超えると悪に急変する場合が多いものです。

アダムは罪の結果重い労働に服し、エヴァは子を生む苦しみを科せられます。こうした罪の結果を「原罪」と言います。今日でも罪はひとりひとりの責任で犯されます。しかし、犯された罪の影響は子供に、社会に、世界に広がっていきます。私たちは真空地帯に生まれるのではありません。アダムこのかた累積した罪とその呪いの下にあって私たちは生まれ、人生を過ごさねばなりません。パウロは人類をアダムとキリストとの二つに分け、アダムによって罪が世に入ってきたように、キリストにより神の恵みが満ち溢れるようになり、その結果、人類はアダムが罪を犯さなかったなら、死ぬことなく永遠に存えたであろうような存在に導かれる、と説いています。このような思想はキリスト教的人間観の基礎に据えられるようになりました。

3　イエスとパウロの人間観

①　イエスの人間観

イエスは人間をどのように理解していたのでしょうか。このことに関するまとまった記録は残されていませんが、多くの断片的言句を通して示唆されているといえましょう。

彼の最初の説教は「時は満ちた、神の国は近づいた。悔い改めて福音を信ぜよ」（マルコ一・一四、一五）という内容でした。ここでは次の四つの言葉に注目しましょう。（i）「時」（カイロス）によって神の救済史と彼個人の成長が合致し、歴史と自己存在の合一した世界史的時間の到来が語られています。（ii）「神の国」という言葉の中で「神」は超越者を、「国」は支配を意味しています。この神の天的な支配に服することにこそ人間存在の存在意義が求められます。しかしそのためには（iii）「悔い改め」という生活の全面的方向転換がなければなりません。この転換によって人間中心の生き方から神中心の生き方に向かうことが求められています。そこに人間としての救いが実現しているからです。イエスのメッセージはこのことを告げています。これこそ彼の言う（iv）「福音」つまり「良い音信」（good news）なのです。

次に、イエスの言動で注目すべきことは、彼が神に対し絶えず「父」と呼び掛けている点です。そこには他者に対する親しい人格的関係が示唆されています。人格という言葉は当時はなく、「父子」がそれを表しています。この父子関係は当時のローマ世界にあっては父権の絶対性から理解されていました。それに対しこの絶対性を前提しながらも同時にその関係の中にある「親の愛」をイエスは示唆しています。つまりイエスの福音は、彼が全信頼を寄せている神に対し、「父よ」（アッバ）と呼び掛けうる親しい人格的な関係に人々を招き入れることを内容としています。この点についてヨハネ福音書一七・二一に記されているイエスの祈りを参照して下さい。

イエスの説教で有名な、しかも歴史性の高い「神の国」の譬え話は、何を伝えようとしているのでしょうか。とくに「種蒔きの譬え」（マルコ四・二―九）をとりあげてみましょう。マルコはこの譬えに比喩的解釈を施しています。たとえば「道ばた」というのは「頑なな心」を、「鳥」というのは「サタン」を比喩的に語っていると解釈し、それによって道徳上の訓戒を与えようとしています。しかし、譬え話の特質は物語り全体で一つのことを説き明かしている点に求めなければなりません。そうするとここで示されている一つの事態は、種蒔きが四回種をまいて三回失敗するといった、当時のパレスチナの農業では異状というべき事態であって、これによって神の国の不幸な現実と神の力への全面的信頼が指し示されているといえましょう。このことは「神の国の成長の譬え」（マルコ四・二六―二九）によっても確証されます。

終わりに彼の「山上の説教」を取り上げてみましょう。この説教の特徴は新旧の戒めを対比させている「しかし」に見いだすことができます。一つの例としてアガペー（神の愛）の戒めを考えてみましょう。

あなたがたも聞いているとおり、「隣人を愛し、敵を憎め」と命じられている。しかし、わたしは言っておく。敵を愛し、自分を迫害する者のために祈りなさい。あなたがたの天の父の子となるためである。父は悪人にも善人にも太陽を昇らせ、正しい者にも正しくない者にも雨を降らせてくださるからである。自分を愛してくれる人を愛したところで、あなたがたにどんな報いがあろうか。徴税人でも同じことをしているではないか。……だから、あなたがたの天の父が完全であられるように、あなたがたも完全な者となりなさい。

（マタイ五・四三―四八）

問題の「しかし」はモーセ律法とイエスの教えの転換点に立っています。この転換は内面性や心への転向ですが、愛憎に基づく自然本性的な愛を超えているアガペーを示唆しています。この愛憎の倫理は、ニーチェが説いたように、敵に復讐できない無力で奴隷的なルサンチマン（怨恨）から生じているのでしょうか。キリスト教道徳は奴隷道徳なのでしょうか。むしろ、神から与えられた愛と赦しの絶大な価値のゆえに、敵をも愛する者とされているのではないでしょうか。したがってイエスの愛の教えにはユダヤ教を原則的に超えるものがあります。これをよく示しているのは「わたしがあなたがたを愛したように、あなたがたも互いに愛し合いなさい」（ヨハネ一三・三四）という愛の戒めです。こうした愛の体現者イエスとの交わりのゆえに、人は敵をも愛する者にまで変えられています。

②　パウロの人間観

パウロの人間観は彼自身の宗教体験と密接に関連しています。その体験はキリストをもってユダヤ教の「律法の終わり」と規定し、キリストこそ律法と福音という二つの時代を画する転換点として捉えられています。「キリストは、すべて信じる者に義を得させるために、律法の終わりとなられたのである」（ローマ一〇・四）。それゆえ彼は、契約に始まり律法を経て福音に進展している聖書宗教の最終段階に立っているとの自覚のもとで、人間をも救済史にもとづいて理解しています。

わたしの言う意味はこうである。相続人が子供である間は、全財産の持ち主でありながら、僕となんの差別もなく、父親の定めた時期までは、管理人や後見人の監督の下に置かれているのである。それと同じく、私たちも子供であった時には、いわゆるこの世のもろもろの霊力の下に、縛られていた者であった。しかし、時の満ちるに及んで、神は御子を女から生まれさせて、おつかわしになった。それは律法の下にある者をあがない出すため、私たちに子たる身分を授けるためであった。（ガラテヤ四・一―五）

古代ローマ社会と同様ユダヤ教でも父権が確立しており、子供の教育期間が定められ、相続人でも子供の時は下僕と等しく管理人の下にありました。「霊力」（ストイケイア）とは律法の「初歩的教え」を指し、それは同時に「世界の構成要素」を意味しています。人間は社会に拘束された状態により先ず規定されています。ですが、御子キリストの福音によって子供は律法の支配から解放されます。その時、「子たる身分」つまり「神の子供たち」となることが授与されています。この子たる身分は神に「父よ」（アッバ）と呼び掛け得る親しい間柄に置かれていることを言います（同・六）。この子たる身分の授与は子供らしく生きる要請をともなっています（同五・一）。存在が当為を要請しているからです。つまり「あなたはすでに子供なのであるから子供らしく生きるべきであり、奴隷のように生きてはならない」といわれます。したがって子供の身分の授与は世界への関わり方を変えているのであって、世界からの逃避でも無関心でもなく、奴隷的な関わりから相続人としての関係に移され、神と世界とに関わる人間の自己理解を全面的に変化させています。

第二章　契約思想

キリスト教文化の特質は「創造」に続いて歴史上重要な意義をもっている「契約」とその思想的深化に見いだすことができます。契約は古代の民族の成立と密接に関係しています。

1　イスラエル民族の成立

宗教による部族連合はギリシアのみならず、イスラエル民族の成立においても認められます。モーセによるシナイ契約の記事は歴史以前の伝承にすぎないとしても、ヨシュアによるシケムの契約は、シナイ契約の更新という形式をとっていますが、歴史性は高いといえましょう。それは、古代エジプトの支配から逃れて、被支配部族が連合し防衛組織を造り上げたことを意味しているとも考えられます。そのさい、イスラエルでも、古代社会と同様に、家族から氏族、氏族から部族へ拡大してきましが、エジプトから逃れてきた氏族とイスラエルの地に残留していた農民の土地所有者の氏族とが何らかの形で契約を交わして民族を結成したと思われます。

実際、パレスティナの山地に広がった小家畜飼育者からなる部族は、カリスマ的指導者〔士師、裁き司〕により導かれていたのですが、ダビデのような強力な王の出現によって一二部族の国民的統一が達成され、部族統一が真に実現するにいたり、都市エルサレムの支配が確立されるとともに、牧羊者の非軍事化が行なわれ、その数も減少しました。

古代オリエントの二大強国エジプトとバビロニアに挟まれた弱小民族の存立はギリシア民族よりもはるかに厳しいものでした。その民族の大部分が小家畜飼育者からなり、経済力と軍事力において劣っていました。このような民族の統合は、最も強力な神によってのみ辛うじて達成されることができたのです。ここからヤハウェという唯一神の選択と、神と民との契約という事態のもつすぐれた意味が理解されます。唯一神への信仰はイスラエルの民族の枠を超える全世界を支配する神にまで高まり、契約は地上の部族間の取り決めをはるかに超えて神と人との永遠の関係にまで高揚しました。このような優れた発展はイスラエルの国家的危機と苦難の時に登場した預言者たちの活動によって実現しました。部族間に交わされたこの「契約」という社会的行為の思想的深化のうちに私たちは旧約から新約への発展を捉えることができます。

2　契約の締結と律法

神と人との関係から聖書の人間観は語られていますが、イスラエルの歴史においては契約の締結・更新・再建によって神と人との関係は具体的に展開されています。創造の物語はこの契約締結の舞台が創られていたことを暗示しているといえます。歴史的契約の事実はヨシュア記まで遡らねばならないにしても、それ以前の多くの記事には契約の物語が伝承として残されています。その主なものを先ずあげてみましょう。人祖アダムとの「禁断の木の実」や楽園追放のさいの約束にも契約は仄かに示されています。次いで有名なシナイ山で締結された契約がきますが、それは歴史性に欠けています。それに反し、ヨシュア記二四章のシケムの契約はシナイの更新という形を採っていますが歴史性は認められています。彼はイスラエルの一二の部族をシケムに集め、紅海の奇跡をもって導いた神を選択するように民に勧め、「わたしとわたしの家とは共に主に仕えます」と言うと、民もそれにしたがった。「こうしてヨシュアはその日、民と契約を結び、シケムにおける、定めと、おきてとを、彼らのために設けた」（ヨシュア二四・二五）。

イスラエルの法律（聖書では「律法」と訳されています）は契約によって成立した共同体を実現

するために定められたものであり、契約が律法に先行しているところにその特質があります。それに対しイスラエルの国家的滅亡が生じた五八七年以後、所謂ユダヤ教の時代に入ると、律法それ自体が重んじられ、律法は今や契約に従属するものではなく、契約への条件となります。律法を守ることによって一人一人が契約に属する者たることを示さなければならなくなるのです。これは捕囚期前の事態とは全く異なるものです。こうして生じてきた道徳主義的で非信仰的な生活態度に対して預言者たちは攻撃を開始しています。

3　契約思想の深化

預言者アモスは契約を「神の選び」とみなし、神に選ばれた者はそれだけ神の正義を実行すべき責任をもっている、と説きました（アモス三・二、五・二四）。ホセアは契約を結婚の契りとして理解し、神に背き去ったイスラエルと再び結ぶ契約関係を、神はその「慈しみの愛」（ヘッセッド）により結ぶと、自己の深刻な恋愛体験から説きました（ホセア二・二一、三・一、四・一―二）。イザヤは聖なる神への絶対的な信頼と信仰に立って、神権政治の理念から中立政策を力説しました（イザヤ七・四、二八・一六、三〇・一五）。これらの預言者は「神の言葉を預かった者」として神の側に立って民とその指導者たちを糾弾《きゅうだん》しています。このような態度は局外の同時代人にとって「政治的扇動家」（politischer Demagog）に映じた、とヴェーバーは論じています（『古代ユダヤ教』内田芳明訳，岩波文庫、四一七頁）。

それに対し国家の滅亡を体験した預言者エレミヤは、神の側に立って王や民に対し扇動的に語ったデマゴーグであっただけではなく、同時に民の側に立って苦しみ、神に民を執り成す「祭司」の役割をも担っていました。人々はエレミヤの苦難を見て「真に神に選ばれた義人が同胞に代わって苦しむことによって人々は救われるという、宗教上の一大真理を知った」（江原万里『宗教と国家』）と言えるでしょう。こうして契約は再度建て直されています。それは神と人の関係が心の内面における交わりとして理解されている「新しい契約」となりました（エレミヤ三一・三一—三三）。

バビロン捕囚以後の預言者はメシアの到来を待望し、とくに第二イザヤ（イザヤ書四〇—五五章を書いた預言者）になると、「主の僕の歌」を説いて「苦難の僕」としてメシアを予言するようになりました。当時政治的メシアとしてペルシャ王クロスに期待がかけられていたのですが、クロスがバビロン入城にさいし政策上マルドゥクの神殿に詣でるに及んで、第二イザヤは失望し、政治的栄光のメシアから転じて苦難の僕としてのメシアを説くようになりました。

第三章　宗教思想

キリスト教文化の中核をなす宗教思想の概要を①神観、②「神の国」思想、③律法と福音、の観点から考察してみましょう。

1　神　観

キリスト教の神はイスラエルの神観を受け継いでおり、イエスは預言者の伝統に立っていました。イスラエルの神はヤハウェであり、アブラハム、イサク、ヤコブの族長時代にまで遡ってこの神の歩みは物語られていますが、歴史的にはモーセがエジプトのミデアンの地で受け入れたものと考えられます。

① モーセに現われた神

モーセが神の山ホレブに羊を飼いながら来たとき、「柴の間に燃え上がっている炎の中に主の御使いが現われた。彼が見ると、見よ、柴は火に燃えているのに、柴は燃え尽きない。モーセは言った。『道をそれて、この不思議な光景を見届けよう。どうしてあの柴は燃え尽きないのだろう』（出エジプト三・二、三）と」。ここに語られている不思議な光景である異象はその非日常性をもって聖なるものの現象を示しています。それゆえ、ここに顕現している主なる神はモーセに呼びかけて、「あなたの立っている場所は聖なる地である」と告げています。さらに彼が神の名前を聞くと、「わたしはある。わたしはあるという者だ」（I am that I am）との回答がありました（同三・一四）。さらに「わたしはあなたたちの先祖の神、アブラハムの神、イサクの神、ヤコブの神である」（同三・一五）とも語られています。これはどういう意味でしょうか。それはあなたがたと共にいる（インマヌエル）という意味です。

② 預言者の神観

また、預言者の神観も重要です。イザヤの召命では次のような神の具象が与えられています。天高くいます聖なるものの衣の裾が神殿に広がり、六つの翼をもった天使セラフィムが、聖なるものから発する光のために、その二つで顔を覆い、二つで足を覆い、二つで飛びながら「聖なるかな」の三唱をとなえています。神殿の至聖所には十戒が収められている石の箱が置かれていますが、「この掟の箱の上の贖いの座の前で私はあなたと会う」（エジプト三〇・八）と言われているように、ここそ神の顕現にとってもっともふさわしい場所でした。この箱の四隅にはセラフィムの像が、ちょうど法隆寺の四天王の像のように立てられており、預言者の目にはこれらが主を聖なるものと賛美しているように映ったのです。この具象は聖なるものが俗を超越し、しかも力をもって支配していることを端的に示しており、国家の苦難にさいし歴史を支配する『イスラエルの聖者』の神権政治への信仰を呼び起こすものでした。

バビロン捕囚期およびそれ以後の預言者エレミアとか第二イザヤの神観にいたると、民の罪を贖《あがな》う神の恩恵が強調され「新しい契約」つまり新約聖書への移行が示されています。

③　イエスの神観

イエスの神は「天にいます私たちの父なる神」という神への呼びかけに端的に示されています。「天」は超越神を、「私たちの」は人間に係わってくる人格神を、「父」は父子の親しい間柄を、それぞれ意味しています。この間柄関係は「愛」として語られています。神の愛について「神は、その独り子をお与えになったほどに、世を愛された。独り子を信じる者が一人も滅びないで、永遠の命を得るためである」（ヨハネ三・一六）と語られています。また神への愛については「愛することのない者は神を知りません。神は愛だからです」（第一ヨハネ四・七）と語られています。

2 「神の国」思想

イエスの宣教内容は「神の国は近づいた。悔い改めて福音を信ぜよ」ということでした。彼の「福音」は神の愛によって神と人との新しい関係（＝神の義）の回復を告知することでした。ここで「神の国」というのは、土地や領地といった国家共同体と政治的に直結していません。イエスのいう国は神の意志が実現しているところ、それまで神の王的支配であるとされてきた「天の支配」（詩編一〇三・一九、イザヤ五二・七）を意味し、「天国は近づいた」（マタイ三・二）とも言われています。

「神の国」の譬え話では人間の業よりも神の一方的な業が強調されています。また「神の国」の内実は「神の愛」です。それはイエスが律法でもっとも重要なものは何かと問われて、答えたところに示されています。すなわち、「心をつくし、精神をつくし、思いをつくして、主なるあなたの神を愛せよ。……そして自分を愛するように、あなたの隣人を愛せよ」という二つの愛に要約していることに示されています（マタイ二二・三七以下）。

イエス自身がこの愛の体現者でした。「わたしがあなた方を愛したように、あなたがたも互いに愛し合いなさい」（ヨハネ一三・三四）。こうしてイエスとの交わりの中で人は敵をも愛し得る存在に変えられています。

3　律法と福音

キリスト教の宗教思想は、ユダヤ教の律法主義に対決して形成されたため、「律法と福音」という主題によって説かれました。

①　古い契約思想とのイエスの対決

この対決は「荒野の誘惑」（マタイ四・一—一〇）に語られています。悪魔の誘惑の第一は「この石をパンに変える」奇跡の要請です。第二は神殿から飛び降りることにより天使の助けを示して神の子であることを証明せよとの要請です。第三は現世支配のために悪魔を拝するようにとの要請です。奇跡・天使の援助・現世の栄誉といった世俗的報酬は古い契約に見られるご利益主義を明示しています。これに対するイエスの回答は、神の言葉・信仰・奉仕であり、神との人格的関係に生きることを力説しています。ドストエフスキーの『カラマーゾフの兄弟』にある「大審問官物語」はこの悪魔的誘惑に対する現代的な解釈といえましょう。

② 山上の説教の構成（マタイ五―七章）

この説教には古来三つの解釈があります。倫理的完全説（アウグスティヌスやトルストイ）、実行不可能説（ルター）、終末論的解釈（シュヴァイツァー）。しかしこれらはすべてイエスを律法の教師のように捉えています。ですが山上の説教は律法ではなく本質的に福音を説いていると見るべきです。元来、この戒めは信徒の生活のために集められた教えであって、福音が先行しています。さらにこの説教の構成にもこの点が示されており次のような構成となっています。

1 イエスが救い主であることの隠れた自己証言（五・三―一二）

2 救われた人の特質（五・一三―一八）

3 明瞭な自己証言と派遣意識（五・一七―二〇）、三重の義（律法学者の義、パリサイ人の義、キリスト信徒の義 五・二〇）

4　律法学者との律法解釈の対立（五・二一―四八）

5　パリサイ人の義との比較（六・一―一八）

6　イエスの弟子たちの新しい義（六・一九―七・一七）

③　パウロにおける律法と福音の教え

「ガラテヤ人への手紙」では律法主義との対決がなされています。まずユダヤ教の割礼をペトロが認めた点が批判されます。（二・一一―一四）。次にユダヤ教の律法によって救われるのではなく、キリストの十字架上の死によって救いは実現すると主張されました（二・一五―三・二〇）。その救いはユダヤ人の成長を示します（四・一―六）。このように短いですが明らかに福音の真理が説かれました。短い文章ですから通読してみましょう。

第四章　倫理思想

1　法と良心

イスラエルの法思想

キリスト教思想では「法」（ノモス）は、ギリシアに見られるように自然現象や共同社会さらに世界支配から形成されたものではなく、イスラエルの伝統を受け継ぎ、もっぱら神の意志から導かれ制定されています。法については十戒と契約の書（出エジプト記二〇―二四章）の中に詳しく述べられています。そこには古代社会には例外とも言うべき人道主義的な戒めが見られます。たとえば、奴隷は六年間働かせたら、七年目に解放すべしという戒め（二一・二）とか、寄留者・寡婦・孤児・貧者の保護（二二・二〇―二四）とか、畑・ぶどう畑・オリーブ畑は七年目に休閑地として貧者に産物を与える指図（二三・一〇―一一これは後に「落穂拾いの法」となる）とかに明らかです。もちろんこれらは、自分たちが以前に経験した経済的試練に由来しているのですが、まことに人道的であり、さらに有名な「目には目を、歯に歯を」(二一・二四)といった同害復讐法もありますが、これとても報復の拡大を禁じる勝れた戒めなのです。このような法律は契約によって成立した生活共同体の具体化であり、契約が律法に先行しているところに特質があります。しかし、イスラエルの国家的滅亡であるバビロン捕囚が生じた後、いわゆるユダヤ教の時代に入ると、律法それ自身が重んじられ、律法は神との新しい契約に従属するものではなく、契約への条件となりました。ですからわたしたちは律法を守ることによって契約に入らねばなりません。これは捕囚期前の生き方とは全く異なるものです。こうして生まれてきた道徳主義的・人間主義的・非信仰的生き方はイエスによって刷新されました。

②　イエスの新しい掟

イエスはこの預言者の系列に属するものとして登場し、法の全体を神に対する愛と人に対する愛とに要約し、自らその愛を実行し、信徒にそれを勧告しています。法の実践はもはや神に対し功績となることはなく、次のように神と隣人に対する愛の表現とみなされています。

あなたがたに新しい掟を与える。互いに愛し合いなさい。わたしがあなたがたを愛したように、あなたがたも互いに愛し合いなさい。互いに愛し合うならば、それによってあなたがたがわたしの弟子であることを、皆が知るようになる。(ヨハネ一三・三四、三五)。

友のために自分の命を捨てること、これ以上に大きな愛はない。(同上一五・一三)

法が神に対する愛の表現となると、自己の行為に対し神の前でいつも反省することになり、良心が問題になってきています。

③ 使徒パウロとヘブライ書の良心論

パウロとりわけヘブライ書に展開する良心論は「神の前に立つ心」として良心を捉え、良心の宗教性を強調するようになりました。パウロは律法をもっていない異邦人も律法の内容が生まれながら与えられていることを良心によって次のように証明しています。「こういう人々は律法の要求する事柄がその心に記されていることを示しています。彼ら良心もこれを証ししており、またその心の思いも、互いに責めたり弁明し合って、同じことを示しています」(ローマ二・一五)。ヘブライ書は良心を宗教的救済の出来事に密接にかかわらせて説くようになっています。「もし雄山羊と雄牛の血、また雌牛の灰が、汚れた者たちに振りかけられて、彼らを聖なる者とし、その身を清めるならば、まして、永遠の『霊』によって、御自身をきずのないものとして神に献げられたキリストの血は、わたしたちの良心を死んだ業から清めて、生ける神を礼拝するようにさせないでしょうか」（ヘブライ九・一四）。

2　自由論（自律・他律・神律）

「自律」（Autonomie）とは何か

自律はヨーロッパの近代になってからカントによって倫理学の中心概念とされましたが、中世から近代にかけては「自由意志」（liberum arbitrium）によって表明されていた事態を指しています。このことはアリストテレスの選択意志の規定「その原理が行為者のうちにある人が自発的である」の中に、またアウグスティヌスの「意志に優って自己自身の権能のうちにあるものはない」という考えの中に表明されています。カントはこの意志の自律を他律と比較し、その対比によって道徳の原理を確立し、彼は次のように語っています。

意志の自律とは、意志が（意志作用の対象のあらゆる性質から独立に）彼自身に対して法則となるという、意志のあり方のことである。……そこで私は、上の原則を、意志の自律の原理と名付け、他のすべての、他律に属すると私の考える原理に対立させることにする。

（「人倫の形而上学の基礎づけ」野田又夫訳、『世界の名著　カント』中央公論社、二八六頁）

② 「他律」（Heteronomie）の状態

他律とはカントにとり未成年の状態に比較されます。成人に達しているのに後見人の世話になるというのは、その人の怠惰と怯懦《きょうだ》による未成年状態に発しているのです。

未成年でいることは確かに気楽である。私に代わって悟性をもつ書物、私に代わって良心をもつ牧師、私に代わって養生の仕方を判断してくれる医師などあれば、私は敢えてみずから労することを要しないであろう。こういう厄介な仕事は、自分でする迄もなく、他人が私に代わって引き受けてくれるからである。（『啓蒙とは何か』篠田英雄訳、岩波文庫、七—九頁）

カントは他人本位の生き方から理性を用いて立つ自律へ人々を啓蒙しようとしました。

③ 「神律」(Theonomie)の定義

意志規定の第三のものとして「神律」が今日主張されています。これは神の恩恵によって新生した人の生き方で、他律でも自律でもありません。神の恩恵である愛によって働く信仰の生活は他人に依存しないから自律的ですが、自己によって生きるよりも神によって生きているゆえに自律を超越しています。ティリッヒは次のような規定をこれに与えています。

神律とは他律とは反対に、超越的内実をもってそれ自身法に適った諸形式を実現することである。それはカトリック的権威思想のような意味で、自律を放棄することによって成立するのではなく、自律が自己を超出する地点まで達することによって成立する。

(Theonomie, R G G, Z., 1931, Bd. 5. Sp. 1128)

彼は自律と神律との関係について「その神的根拠を知っている自律が神律である。しかし、神律的次元なき自律は単なるヒューマニズムに堕落する」(『キリスト教思想史II―宗教改革から現代まで』佐藤敏夫訳、「ティリッヒ著作集」別巻三、白水社、四二一頁)と語っています。

3　エロースとアガペー

ギリシア語には愛を表わす三つの言葉があります。つまりエロース、フィリア、アガペーです。前の二つは人間的な愛であり、そのうち、前者は一方的であるのに対し後者は相互的です。これらに対しアガペーは異質的であり、神に発源する愛です。ここではエロースとアガペーとを対比してみましょう。

次頁の対比表を参照。

この対比によっても明らかであるようにアガペーは聖なる神に発する愛です。そしてこの愛は信仰によって人間の心に注がれると、人間のうちに働いて、人間を聖化するだけでなく、隣人愛として社会的実践に向かわせます。宗教的愛はこうした聖なる次元を内に湛《たた》えているのです。キルケゴールは『愛のわざ』でこの点を次のように美事に描写しています。

エロース	アガペー
獲得しようとする欲求・憧憬	犠牲的な施与
上昇的な運動	下降的な運動
人間が神にいたる道	神が人間にいたる道
人間の努力。救済は自己のわざ	神の恵み。救済は神のわざ
自我中心的な愛。高貴な自己主張	無我的な愛。自己を譲り渡す
自らの神的で不死とされた命を得んとする	神の生命を生きる。命を失うことを恐れない
欠乏と必要から獲得し所有せんとする意志	豊かさと充実に基づく与える自由
本来人間の愛，神はその対象	本来神の愛，神はアガペーである
対象の性質・価値に動機づけられている	対象に対し主権的・自発的で動機をもたない
対象の価値を認識し，それを愛する	対象に価値を創造する

……そうです、この愛の場所はかくれてあり、又かくれたものの中にあります。人間の心の深奥と言うところに一つの場所があり、そこより愛の生命はほとばしり出ることがあります。なぜならば、「胸のうちより、生命は出てくる」のですから。併し、その場所を目に見ることは出来ませぬ。たとえどの様に深くあなたが侵入しようとも、その根源ははるかなかくれたものに、どこまでも退いて行ってしまう。……愛の秘めやかな生命は深い心の中にあり、探究しがたく、又この全実存との探究しがたい相関関係の中にあります。例えば静かな湖が人間の目にかくれた深淵の下層にふき出している噴泉に、その源をもっている様に。人間の愛は神の愛にその源泉をもっています。そして、神の愛は、なお一層深い原因なのであります。（『愛について』芳賀檀訳、新潮文庫、一七、一九頁）

これに対しエロースはあくまで人間的な愛であり、高い価値を求めたり、低い価値に低下したりしますが、人間の限界を超えることはできません。しかし、人間は自己に由来しない神の愛アガペーを受容することはできます。すると人はやがてこの愛の担い手となります。

第五章　社会倫理

日本語の「倫理」の内の「倫」が人間の仲間や間柄を意味しているように、倫理は本質的に他者にかかわる行為を問題にしており、倫理学は「人間関係学」であるといえましょう。それゆえ、これまで論じてきた倫理思想にもすでに他者にかかわる行動が含まれていました。ところがキリスト教の倫理は具体的社会問題とも密接に関係しながら展開してきており、そこにもキリスト教から見て看過できない特質が認められます。それを先ず、経済と政治の領域でとりあげてみましょう。

1　経済倫理

①　イエスの社会倫理思想

イエスの社会的行動は一般的にいって「神の国」運動の内に見ることができます。この運動は、外面的に観察するならば、当時メシヤ（ヘブライ語で「油を注がれた者」の意、ギリシア語では「キリスト」）待望の政治運動に巻き込まれて挫折していました。彼はこのメシヤ観に対し、自分を預言者の語った「苦難のメシヤ」としての「人の子」とみなし、政治的な運動ではなく、どこまでも純粋な宗教運動を志していたといえましょう。したがって、トレルチの次の言葉は妥当しています。

キリスト教はどの程度、古代末期の社会的状況と運動の産物であるのか。この問いに対しては、キリスト教はまず第一に、まぎれもなく全き宗教的な理念から生じた一つの自立した宗教運動であるということが言われなければならないだろう。これは古代キリスト教の歴史が示すところである。なるほど福音は、何よりも貧者の福音であり、特に貧者に向かって説かれてはいる。しかし、その根本にあるものは、貧困を取り除いたり和らげたり彼岸に希望を与えて慰めるといったような努力ではない。その主題は、貧困のための貧困ではなく、人間の内面における真の救済の受容をより容易にするような貧困である。……というわけで、古代キリスト教の文献のどこにも、社会の改善や改革は語られておらず、また神の国での「現世の」運命の逆転について語られることも、全く稀である。

（『キリスト教社会学の諸時代・諸類型』「トレルチ著作集7」ヨルダン社、一八八頁）

また、トレルチは大著『キリスト教会の社会学説』の中で、キリスト教が宗教の衣を纏ったプロレタリア運動とか奴隷の蜂起といったものではなく、時代の社会情勢に直接その起源をもたず、むしろ古代の宗教運動全体から理解されなければならない、と説きはじめています。彼がイエスの説教と新教団の形成から確証した五つの事実は次のごとくです。（a）イエスは基本的に虐げられた人たちや貧しい人たちに語りかけた。（b）イエスは富を魂に危険なものとみなし、またユダヤの祭司貴族たちと支配的な神学者たちに敵対した。（c）初代教会は信徒を都市の身分の低い層に基本的に求めていき、事実、見いだした。（d）二世紀になってようやく教養と資産のある上層の人たちが信徒に加わりはじめた。（e）上記の加入はひどい摩擦を起こさず行なわれた。

これとは別に三つの基本的事実をもトレルチは確認できると主張しています。（a）新約聖書と初代教会の文献は社会問題の提起を何も知っていない。（b）中心的関心は魂の救い・一神教・死後の生活・純粋な礼拝・正しい共同体の組織・信仰の真理についての実践的証明・聖性についての根本原則の確立である。（c）初めから階級の相違はなく、この相違は永遠の救いと内面性の中で消えている。

こうしたことはイエスの倫理思想の基本的態度に由来しているといえましょう。山上の説教の冒頭で彼は言います、「心の貧しい人々は幸いである、天の国はその人たちのものである」（マタイ五・三）と。ここで言われている「心の貧しい人々」というのは心だけ謙虚な人たちを言っているのではなく、心身において貧しい人であって、「貧しい人々は幸いである」（ルカ六・二〇）という言い方と同じ内容です。事実、貧しい人々がイエスの福音を聞き、富める人たちは彼のもとを立ち去っています。彼は富の獲得を勧めたり、遺産を公平に分配するように忠告したりすることによって合理的配分の正義を説いたりしていません。むしろ彼は地上ではなく天に宝を積むように勧め（マタイ六・一九）、また配分の正義に違反してでも、葡萄園に遅れてきた「この最後の者にも」約束の賃金を支払ったという主人の物語を語っています（マタイ二〇・一―一六）。

「人はパンだけで生きるものではない」（マタイ四・四）という主張には人間生活が経済的要素のみによって成立しているのではなく、神の言葉と人間の霊とが信仰によって結ばれてこそ真に人は生きることが力説されています。だから続く悪魔の誘惑、つまり荒野でモーセがかつて行なった「マナの給食」の奇跡的実現は神の言葉への服従によってきっぱりと拒絶されています。こうしてイエスは経済的富の絶対視や経済至上主義を退け、自分の福音を聞くものに「神か富か」の二者択一の決断を迫っています。「だれも、二人の主人に仕えることはできない。一つを憎んで他方を愛するか、一方に親しんで他方を軽んじるか、どちらかである。あなたがたは、神と富とに仕えることはできない」（マタイ六・二四）。だが、神を信じる決断をする者には、神は「空の鳥や野の花にまさって」生活に必要なものを与えてくださる、と彼は説いています。神は賜を与えてくださる者であり、人はこれを受容する者です。日用の糧《かて》とて同様です。

もちろんイエスは労働そのものの意義を認めています。「働き人がその報いを得るのは当然である」（ルカ一〇・七）。パウロも「静かに働いて自分で得たパンを食べるように」（第二テサロニケ三・一二）と宗教的熱狂家に警告を発しています。イエスは大工の子であったし、ペテロは漁師であり、パウロも天幕造りのやとわれ人でした。

愛の共産主義

イエスにしたがった人たちは経済的改革ではなく、彼を中心にして生活をともにし、他者への奉仕を志し、「友のために命を捨てる」（ヨハネ一五・一三）ほどの自己犠牲的な愛の実践に励みました。したがって、全財産の放棄は彼の弟子たることの重要な条件でした（ルカ一〇・二六、一八・二二）。とはいえ、初代教会の共産的な生活についても特別な政策がそこにあったわけではありません。ですからイエスを信じた人々は心も思いも一つにし、一人として持ち物を自分のものだと言う者はなく、すべてを共有していました。ですから信者の中には、一人も貧しい人がいなかった。土地や家を持っている人々も、それを売っては代金を寄付したので、それは必要に応じて皆んなに分配されました。

この生活形態を他の共産主義と区別してトレルチは「宗教的愛の共産主義」と呼んでいます。これはイエスの生存中には組織されず、彼を追憶する共同体の中から形成されています。この生活形態はキリスト教の副産物にすぎず、その本来の目的は魂の救済の他にはありませんでした。したがって、そこには社会的な民族の復興運動は見られず、財の共有を愛の表現とみなす消費の共産主義にすぎません。しかし、この共産主義は長く続かず、キリスト教の世界伝道への発展に伴われて広まりませんでした。

それゆえ、ヘーゲルがキリスト教の歴史的意義について『歴史哲学』の中で簡潔に次のように語っている点は正鵠を射ているといえましょう。「キリスト教のお陰で、人間が人間としてすべて自由であり、精神の自由が人間の最も固有の本性をなすものであるという意識に達した」。

③　カトリックとプロテスタントの経済倫理

聖書に登場する人たちが労働者であったのに対し、ギリシア哲学を代表する人たちは奴隷に労働させた自由人であり、支配階級に属していました。古代ギリシア社会は支配階級・防衛階級・労働階級に分けられていました。こうした区別は精神と身体との二元論に由来し、中世のキリスト教社会にも大きく影響しています。この区別は中世では祭司階級（orator）・戦闘階級（bellator）・労働階級（labortor）に分けられていました。中でも行動的な生活を観照的な生活よりも低く見るアリストテレスの影響と聖書にある原罪の呪いとしての労働観が支配的でした。したがって中世の手工業労働でも低い地位しか与えられておらず、祭司の聖職者階級が通常の労働者よりも一段と高い地位を得ていたのです。ここには聖と俗とに職業を分けて捉えるカトリック教会の考えと封建体制の維持とが経済倫理に大きく作用していました。たとえば、教会法による利子禁止令は経済的企業活動の前提であった信用制度を圧殺しておりました。ところが十字軍以来都市の商業が発達し、営利の追求が思いのままになると、現実生活と倫理とが分裂し、一方では利益を追求し、他方ではこれを罪深い行為と感じる、経済と倫理との二重構造が生まれてきました。こうしてフッガーのような高利貸し資本の独占と教皇レオ十世とが結託して、免罪符を大規模に売り出すといった異状な事態が生じてきたのです。ルターがこれに激しく抗議して宗教改革運動が勃発するにいたりました。

ルターとともに始まったプロテスタント教会の経済倫理でもっとも注目に値するのはその職業倫理です。この職業観の変化についてはすでに述べました（第Ⅰ部第五章3参照）。この近代的な職業観は政治的デモクラシーと経済的個人主義へと人々を導いていきました。とりわけ、マックス・ヴェーバーは『プロテスタンティズムの倫理と資本主義の精神』の中でカルヴァン主義の職業倫理と近代産業資本主義の成立との内的関連を力説しました。勤勉・倹約・禁欲というピューリタン的な徳性に与えられた宗教的認可によって、興隆しつつあった資本主義が強力な支柱を見いだしたことは事実です。しかし、現代にいたると初期の宗教的な職業観念は自分が育《はぐく》んだ鬼子である資本主義の「精神」（亡霊）によって変質をきたし、飽くなき利潤追求の精神に変貌しています。

終わりに、こうした経済と倫理との歴史から今日考えられる経済倫理に関して言及しておきましょう。

(a) 先ず、現代の主流である経済至上主義はキリスト教の立場からは認められていません。社会の経済的基礎がどれほど重要であったとしても、神か富かとの二者択一の信仰的決断をした者は経済の桎梏《しっこく》から自由です。

(b) 特定の経済体制をもって神の国と考えてはなりません。経済体制は相対的なものにすぎず、これを絶対視する偶像化は退けなければなりません。

(c) 経済的疎外の解決は、疎外を生み出しているのが他ならない人間である以上、原則的に困難であり、忍耐できうるところまで、可能なかぎり改善すべく、不断に試みるべきです。

(d) 経済の歴史的発展に作用した宗教的理念の役割は、マルクス主義の史的唯物論による反論にもかかわらず、認めなければなりません。マルクス主義自体が一つの擬似宗教的性格をもっており、理念的産物であるため、今日、ほとんど崩壊に瀕しています。

(e) 経済生活に見られる狂信的仕事本位の人生観は、内心の不安と空虚を露呈していると考えられます。これは労働への意志の欠如と同じく、人生の永遠的な意味の喪失というニヒリズムの産物ではないでしょうか。

2 政治倫理

① 政教分離と国家の物神化批判

今日政治的不協和音の源泉の一つにイスラムの祭政一致の主張がありますが、キリスト教は原則として政教分離の立場に立っています。イエスは「皇帝のものは皇帝に、神のものは神に返しなさい」（ルカ二〇・二五）と、また「わたしの国は、この世に属していない」（ヨハネ一八・三六）と語って、政教分離の姿勢を明白にかかげました。事実、彼はイスラエル王国の復興を計る政治的メシアであることを拒否しています。古代では宗教と政治とは密着していました。それは民族ごとに神々を立てて政治的統合を行なってきたからです。それゆえ政治家の中には宗教を利用して、人々の目を現実から彼岸へと転じさせようとした者も多くいました。ここから宗教は阿片であるとの批判が出るのも当然です。

古代社会には国家の成立を神話的に物語って、その永遠の支配を確立するという正当化の試みがなされてきました。これは「物神化」（fetishism）、つまり物に宿っている霊力によって災いを免れようとする呪物崇拝に他ならないのです。こうした試みは古代神話に見られるのみならず、マルクスのいう「商品の物神化」やナチズムの宣伝者ローゼンベルグの「二十世紀の神話」でも現存しています。現代に起こった政治的権力の擬似宗教化はナチス・ドイツの第三帝国によって典型的に示され、それが「千年王国」として現われ、ヒトラー総統は「救い主」として君臨し、その著作『わが闘争』は「正典」となって異端を「審判」し、「選民」ゲルマン民族の栄光のためにユダヤ人の絶滅を「最後の審判」として執行しました。

この種の物神化は国家だけでなく、いたる所で生じています。自分の考えている理想社会とか要求や目標また行動原則でも「究極のもの」とみなすことによって物神化と自己神化が発生し、偶像が誕生します。キリスト教は自己を神話化し、神々の闘争に連座したりしません。むしろ唯一神の支配下に神々を置いて、政治神話の非神話化と非物神化とを遂行し、あらゆる形態のユートピア主義の幻想を暴き、政治をこの世の相対性に連れ戻そうとします。これこそキリスト教政治倫理の第一の課題です。

②　批判的連帯の行動原則

社会的実践では「奉仕」という基本姿勢に立つキリスト教は、福音の力に促され、献身的な愛であるアガペーに基づいて福祉と世界平和を目指し、非人間化の疎外に対し挑戦し行動するように説いています。その際、政教分離の原則に立って、社会の中心に教会を置くことを断念し、社会に対しパートナーとして連帯することを志しています。社会に連帯するとは、社会から分離するのでも、社会に埋没するのでも、福音を放棄するのでも、押し通すのでもなく、「距離を置きながら関係する」つまり「批判的に共に立つ」ことを言います。これが「批判的連帯」（ヴェントラント）の精神です。ミュラーは批判的連帯について次のように語っています。

この概念は二つのことを含んでいる。すなわち、まず第一に、教会は、社会に対する積極的態度によって、教会のメンバーが自分もまたこの社会の構成員であることを自覚し、社会のすべての問題と重荷に全面的に関わっていることを証明しなければならない。それと同時に第二に、教会は、すべての人間の行動が、社会の領域における活動を含めて、人間の罪と疎外とにさらされ、歪曲と倒錯によって脅かされているという事実を十分に知っていなければならない。

（『現代キリスト教倫理』宮田光雄・河島幸夫訳、ＹＭＣＡ出版、八二頁）

ここで言われている社会的連帯と宗教的自己批判の精神は実践にとって重要です。連帯の精神は社会の内部から新しい秩序を形成し、組織の内側から人間化につとめ、下からの奉仕によって「細胞的構成」に向かい、体制内改革を超えた革新的歩みを導きだしています。しかもそれぞれの職場にあって専門的知識に基づいて連帯を達成するのですから、これによってプロテスタンティズムの万人祭司制を刷新した「万人奉仕者主義」（宮田光雄）の原理が確立されるでしょう。

このように批判的連帯によって社会の内部からしかも下部から働き掛けていくといっても、社会の中にキリスト教的秩序を樹立しようとするのではない点が力説されなければなりません。奉仕するというのは自己の思想（イデオロギー）を実現することを意味していません。奉仕とか愛というのは自己から出ていって他者に即して行動することを意味します。とはいえ、それは他者のイデオロギーに奉仕するものでもありません。むしろ対立するイデオロギーから全く自由になり、社会福祉と世界平和を目指し、人間を疎外している現状を打破すべく献身的に奉仕することにこそ連帯の精神が発揮されるでしょう。

③ 抵抗権と政治参加

社会に対する奉仕を基本とするキリスト者は、政治権力に対し何ら抵抗することができないのでしょうか。古来、使徒パウロの『ローマ人への手紙』一三章一節がそれへの指針となってきました。そこには「人は皆、上に立つ権威に従うべきである。神に由来しない権威はなく、今ある権威はすべて神によって立てられたものばかりだからです」と命じられています。このテクストは教会と国家との問題にさいし絶えず引き合いにだされ、解釈において混沌たる有様を呈しています。パウロ自身は、ユダヤ教の政治的メシア主義の危険性を熟知していましたが、国家による現世の統治を神の意志によるものとみなしていたのです。彼は生まれながらローマの市民権をもっており、これを盾にユダヤの裁判に対し皇帝に上訴している事実によっても分かるように、彼の時代には教会と国家との対立は深刻なものとなっていませんでした。このような「上に立つ権威」についての考え方はヨハネ黙示録一三章の「獣」としてローマをみるサタン視とは全く相違していました。獣には神を汚す権威が与えられているのを見ても、ここではキリスト教に対する迫害の時代に入っていることが知られます。

先のパウロの発言は、国家の意義を現世を統治する「秩序的権能」(potentia dei ordinata) に求める神学的解釈の根拠となりました。ところが「絶対的神の権能」(potentia dei absoluta) の方は神にのみ認められているのですから、そこからは国家を絶対視する危険は避けられるはずでした。つまり国家の役割は中立的に考えられ、社会を維持する秩序に限定されるはずでした。それに対し彼の言葉は国家権力への服従と無抵抗を説くものと解釈されるようになり、たとえば王権神授説にその典拠を与えるものとなりました。これに対しキリストを「上に立つ権威」の主であるという批判が提起されたのは当然のことです。確かにキリスト者にとって国家はあくまでも地上の相対的権威をもっている、人間的な秩序であって、教会の救済のわざには直接関係していないのです。ですが、教会といえども国家という秩序のうちにある共同体なのであって、教会は内に宣教のわざをなし、外に向かっては国家の秩序にも政治的に関与し、連帯的責任を担っているといえるでしょう。それに反して国家が自己を絶対化し、教会に対し悪魔化するときは、教会はこれに批判的に対決し、抵抗する権利をもっています。ルターは先のパウロの言葉にしたがって国権への服従を説きましたが、国権の乱用に対しては抵抗権を主張し、皇帝に対し自己防衛のため戦うことを承認しています。政治思想史ではジョン・ロックによってこの権利が説かれ、アメリカの独立が実現しました。

3　歴史と終末論

個人の歩みとその完成とは、それだけで孤立しているのではなく、神の大いなる救済計画の中に組み込まれており、全体的に把握された救済史から考察しなければなりません。キリスト教では救済史は、創造・堕罪・救済・完成のプロセスを通って歴史は終末に達すると説かれています。

しかし、一般に歴史というのは、時間過程の中で何か意味のある出来事が生じるときに起こっており、時間の始まる以前に属する創造や人祖の堕罪さらに終末といった事態は歴史以前と以後の物語と理解されています。それに対して神の救済計画が「時が満ちて」実現したという歴史の出来事は、信徒にとって重大な歴史のプロセスとして理解されています。したがって救済が歴史において実現したと信じられている聖史は、歴史の以前と以後とからなる歴史の宗教的解釈とならざるをえません。この歴史の終わりを論じる終末論は、同時に私たちの「希望」について述べており、人間の可能性を原理的に超えた超越的な「神的可能性」の理解に私たちを導くものです。

① 聖書の終末論

終末論というのは「最後のことがら」（エスカートン）についての教説であり、世界の終わりや滅亡についての教えです。この終末論は一般には世界に生じている出来事の進行が周期性をもっていることから発達してきたものであり、四季の循環のように「世界年」も大いなる周期をたどって終わりに達するとの希望が古代ギリシアやイランで語られていました。ウェルギリウスの有名な第四牧歌に予言されているような黄金時代の到来も終わりの時を示しています。これはヘシオドスの『仕事と日』にある五つの時代、すなわち黄金・銀・青銅・英雄・鉄の順に凋落していく歩みの終わりに再び黄金時代へ回帰する希望として語られています。旧約聖書の『ダニエル書』には四頭の大きな獣の国につづく「人の子」の支配も、来たるべき救いの時に「いと高き者の聖者らが王権を受け、王国をとこしえに治める」（七・一八）というイスラエルの民の支配を指しています。そしてこの終末における救いという観点から世界の歴史の全体が統一的に解釈されています。こうして現在の世と来たるべき世との二元的理解がユダヤの黙示文学では展開しています。黙示文学というのは神意の象徴的啓示を意味し、世界の破局について預言する文学的試みで、旧約聖書では律法・預言書・知恵文学につづくジャンルです。預言書には歴史における神の審判は語られていましたが、世界の終わりとそれにつづく救いの時については未だ明瞭には論じられていませんでした。この預言が歴史的に理解されるのではなく、先の周期的に循環する時代という観念によってとって替えられると、宇宙的破局によって救いの時が到来することになり、真の意味での終末論が成立するのです。こうして後期ユダヤ教の黙示文学、たとえば第四エズラ書では歴史が終末論から理解されるようになりました。

新約聖書においてはイエスは自己を預言者の系列に属するものとみなしていましたが同時に黙示文学的終末観の影響下に立っていました。彼は古い時代と新しい時代の狭間に立って、旧約の預言が成就する決断の時に臨んでいるとの自覚をもっていました（ルカ一〇・二三―二四、マルコニ・一九)。こうした彼の自覚と人格的交わりの内に救いはすでに実現しはじめていると考えられています。これが「実現された終末論」(C・H・ドッド)によって説かれている事態です。救いはイエスの行為によって「すでに」実現しはじめてはいても、「いまだ」完成していないことになります。マルコ第一三章の黙示文学的叙述によると、ここに始まった救いは最後の審判によって完成されます。この視点はパウロによって受け継がれ(第一テサロニケ四・一六以下、第二コリント一五・五一以下)、ペテロもヤコブもこれに同調しています。こうして旧約の歴史観から導かれた救いの主題が黙示文学的な終末論と結びついていることが知られます。

② 終末論と歴史の神学

歴史の終わりが迫っているという緊迫した終末論的意識の下では歴史は固有の意味をもたず、社会的実践のプログラムもなく、ただ短い時を生きる禁欲と聖化という消極的な倫理しかありませんでした。歴史は終末論によって呑み込まれてしまっていたのです。ところが期待された終末が遅延したことにより、終末は歴史の延長線上に組み込まれて説かれるようになりました。こうして、終末論ははるかな未来に生じる歴史の終わりという終末観に変貌し、終末論から歴史の神学が生まれました。

歴史の神学的理解はアウグスティヌスの超大作『神の国』全二二巻において歴史上最大規模に展開されました。それによると「神の国」は天上界において天使の創造をもって開始し、堕天使によって生じた「地の国」と対立しながら、人類の歴史を貫いて進行し、歴史の終末にいたって完成します。この歴史の全体は「起源・経過・定められた終末」という三段階を通して完結されます。そしてこの歴史の「経過」の只中に新しい救済の出来事が生じ、歴史は救済史的発展をなすものと考えられました。

アウグスティヌスの歴史の神学を世俗化して歴史哲学に変えたのがヘーゲルの歴史の哲学であります。というのは彼は『歴史哲学』でキリスト教の歴史観「神の摂理が歴史を支配している」という命題を世俗化して哲学的に解釈し、「理性が世界の支配者である」とか「世界史は世界精神の理性的で必然的な行程であった」と主張し、歴史の「経過」を弁証法の論理によって説明しているからです。この歴史観はさらに社会に応用されてマルクスの社会革命にまで変貌していきました。

終末論と倫理

キリスト教の終末論は、元来、神の大いなる力によって世の終わりが来ることを終始一貫して説いており、人間の力によって起こり得る歴史の進歩とか革命とは本質を異にしているのです。したがって、それは特定の社会秩序や社会理論を究極的なものとみなすイデオロギーとは対立し、ヘーゲルがプロイセンの国家形態に基づいて歴史の終わりを考えたり、マルクスが共産主義社会を歴史のテロス（目的）と説くことに対して批判的です。それゆえ人間の手になる相対的なユートピアに対しては常に「終末論的留保」（H・ゴルヴィツァー）が置かれなければなりません。

人間の力は俗なるものであるのに対し、神から来る力は俗を超える聖なるものです。終末論はこの聖なるものが俗に介入してきて生じる出来事と本質的にかかわっています。すなわち、単なる人間的可能性を超えた神的可能性がそこにおいては志向されており、社会や歴史に関わる倫理の在り方が示されています。こうして私たちの人間的な救済が私たち自身ではなく、神の愛に基づいているように、社会と歴史も常に神的可能性の下にあることを知って行動することが求められています。この神的可能性とともに歴史そのものの非決定性・非完結性・将来への開放性・変革の可能性が理解されているのみならず、既存の秩序の中にも革新の余地が見いだされています。そこには聖なるものの力による社会倫理の新しい可能性が神律倫理として与えられています。

第六章　宗教的霊性

1　人間の霊性の作用　感性・理性・霊性

一般的にいって宗教の対象は聖なるものであり、この聖なるものに対する人間の態度は信仰です。この信仰は人格的な信頼という特質をもっているのみならず、人間の意志に属しているかぎり、「信仰の知解」（intellectus fidei）と言われるような認識の能力をも併せもっています。

①　対象と認識との本質連関

あるものが人間の意識に現象するかぎり、それと相関して意識のうちに認識の機能がなければなりません。聖なるものの体験が人間に与えられている以上その対象と意識の志向体験の間は本質的な連関がなければなりません。これが現象学の基本的な前提であり、シェーラーはこれを次のように語っています。

或る対象種が存在するという主張すべて、この本質連関に基づいて、この対象種がそのうちに与えられている経験種の申し立てをも要求するそのかぎりでわたしたちは「価値はその本性上感得する意識のうちに現出し得るのでなければならない」と主張するのである。

（『倫理学』吉沢他訳「白水社著作集２」一七六頁）

わたしたちの考察している聖なるものは宗教的価値であり、それは「感得する意識」に現象しています。ですが、この現象の仕方は対象の「表象」において与えられるばかりではなく、「感得」という作用においても与えられています。この点に関してもシェーラーの次の発言は注目に値します。

世界は体験において原理的にはそれが〈対象〉として与えられているのと同様、直接〈価値の担い手〉および〈抵抗〉としても与えられる。したがってまた、たとえば風景の美しさ、あるいは好ましさ、愛と憎しみ、意欲と意欲しないこと、宗教的予感と信仰というような、あることを感じるという諸作用のうちに（そしてこれらの作用のうちにのみ）直接的に現われ、またそれに向かって輝き出るあの本質内実も問題とされるべきである。

（『現象学と認識論』小林靖昌訳「白水社著作集15」二九九頁）

したがって、聖なるものは意識の対象としてのみならず、聖者のような「価値の担い手」や「抵抗」としても与えられ、「宗教的予感」や「信仰」の「感得作用」によって把握されるといわれます。こういう「感得作用」は感性や理性とは相違する「霊性」の作用であるといえるでしょう。

②　人間学的三区分法

そこで、霊性の作用を感性や理性から区別して人間学的に明確に説いているルターの学説を参照してみましょう。彼は『マグニフィカト』（マリアの讃歌）において人間の自然本性を「霊・魂・身体」に区分し、次のように語っています。

第一の部分である霊（Geist）は人間の最高、最深、最貴の部分であり、人間はこれにより理解しがたく、目に見えない永遠の事物を把握することができる。そして短くいえば、それは家（Haus）であり、そこに信仰と神の言葉が内住する。

第二の部分である魂（Seele）は自然本性によればまさに同じ霊であるが、他なる働きのうちにある。すなわち、魂が身体を生けるものとなし、身体を通して活動する働きのうちにある。……そしてその技術は理解しがたい事物を把握することではなく、理性（Vernunft）が認識し推量しうるものを把握することである。したがってここでは理性がこの家の光である。そして霊がより高い光である信仰により照明し、この理性の光を統制しないならば、理性は誤謬なしにあることは決してありえない。なぜなら、理性は神的事物を扱うには余りに無力であるから。

第三の部分は身体（Leib）であり、四肢を備えている。身体の働きは、魂が認識し、霊が信じるものにしたがって実行し、適用するにある。（WA. 7, 550）

これはユダヤ教の神殿の比喩によって次のように図式化されます。

神殿の比喩	対　象	機　能	人間という家
至聖所	不可視的永遠の事物 神の言葉	信仰の作用	霊
聖　所	存在の理解できる法則	理性の作用	魂
前　庭	可視的対象	感性の作用	身　体

ここで、キルケゴールの『死に至る病』における三区分法につて付言しておきましょう。彼はルターと同じように三つの区分を考えているわけではありませんが、概念的構成だけ見ると次の引用文にある「精神」が「霊」と、「心」が「魂」と、それぞれ同じ実体を指し、訳語が相違しているにすぎません。

> 人間はだれでも、精神たるべき素質をもって造られた心身の総合である。これが人間という家の構造なのである。しかるに、とかく人間は地下室に住むことを、すなわち、感性の規定のうちに住むことを、好むのである。（『死に至る病』桝田啓三郎訳「世界の名著」四七四頁）

キルケゴールの説く「精神」は、「心身の総合」とあるように、心と身体との関係（それはいっそう具体的には無限と有限、永遠と時間、自由と必然との関係として立てられている）にいかに関わるかという態度と決断によって規定されています。これに対してルターはオリグネス以来説かれてきた伝統的な三区分にしたがって、「霊」を人間の内なる内面性、しかもそこに神の言葉が宿り、これに対し信仰が生じる場所として理解しています。ここから明らかになることは、人が神および神の言葉と出会いうる場所が「霊」という「家」であるということです。

③　霊の特質

旧約聖書では「霊」と「息」とが同義と解されており、霊は「命を与える霊」として同時に生命原理である「魂」をも意味していました。しかし、人を生かす霊の働きは神から来る霊として人間を内的に生かし、神に向けて超越させ、神と人とが一つの霊とさせるものと理解されています。トレモンタンの『ヘブル思想の特質』には「霊」に関し次のように述べられています。

人間の霊、彼のプニューマは、人間の中にあって神のプニューマとの出会いが可能なところのものである。それは人間の中にある部分であって、この部分のお陰で神の「霊」の内住ということが異質な侵入とはならないで、異邦の地における大使館のように、準備され、欲っせられているものとなっている。（西村俊昭訳、創文社、一七八—一九二頁）

このような神との出会いの場としての「霊」の理解はドイツ神秘主義の「魂の根底」（Seelengrund）によって特に強調されています。魂の根底というのは通常の魂よりも高次の作用を指しており、アウグスティヌスでは「精神の頂点」（apex mentis）と言われていたものに当たり、エックハルトやタウラーによって人間の魂の「深み」を意味すると考えられています。この魂の「根底」や「淵」において人は神と出会い、新しい生命を受けて神の子供として誕生すると説かれました。ルターはこの説を受容しながらキリスト教的に造り替え、霊において人は神に触れ、理性によっては理解しがたいものを信仰により捉えると説いたのです。こうして「霊」は人間の内面的深奥に根ざす信仰を意味するようになりました。彼は神の母マリアの信仰について次のように語っています。「彼女（マリア）は全く神に捉えられ、神の恵み、深い み旨によって、高く揚げられるのを感じたのである」（CL. II, 142.40 クレメン版著作集）。ここに霊の信仰による実存的「感得」の作用が明瞭に示されています。この種の霊の「感得」についてルターの研究家ヤーコプは次のように述べています。

経験する（Fühlen 感得する）とは、外側から、したがって経験できる領域の彼岸から到来するものとして把握される御言葉を（激しい心の動きで、心で、わたしのために）実存的に自己のものとすることにほかならない。（Der Gewissensbegriff in der Teolgie Luthers, S. 48）

わたしたちはこの種の「霊」独自の感得作用について次に考察してみなければなりません。

2　霊性の感得能力

この霊性がもっている「感得」能力についてさらに立ち入って考察するさいに、わたしたちは霊性が「宗教的な精神作用」として独自な法則性をもっている点をあらかじめ知っておかなければなりません。この種の宗教的作用は独特の心情的運動の中に認められるといえましょう。この運動の古典的表現はアウグスティヌスの「内面性の命法」と『告白録』冒頭の有名な言葉に見られます。

①　霊性の運動方向「外から内へ、内から外へ」

アウグスティヌスの「内面性の命法」は聖なるもの（神）へ向かっての超越をめざすもので、自己の内面たる「精神への超越」と精神を超える聖なる「神への超越」との二重の運動から成っています。まず、自己の内面への超越は「外に出ていこうとするな。汝自身に帰れ。内的人間の内に真理は宿っている」という言葉で示されます。「外に」とは自己の面前に広がっている世界の全体です。世界の外的現象は感覚を通して知覚の対象となっています。この感覚は人を欺くものではありません。感覚ではなく理性の作用によって世界は認識されるのです。そこで、理性の認識対象である真理が宿っている、精神の領域に立ち帰らなければなりません。これが第一の命法の説いているところです。ところが、人間の精神は残念ながら有限で、誤謬を犯すことを免れていません。そこで、第二命法が第一のそれに続いて「そしてもし汝の本性が可変的であるのを見いだすなら、汝自身を超越せよ」と告げられます。この場合の「汝」というのは「理性的魂」（ratiocinans anima）の作用であって、「理性」（ratio）を超える上位の機能は「知性」（intellectus）もしくは「直観知」（intelligentia）といわれています。これらの認識機能は形而上学的概念ですが、理性をも超越しているゆえに、宗教的には霊性を指しているといっても間違いではありません。霊性に固有な運動はこのような「外から内へ、内から外へ」という二重の超越の道をとるといえましょう。

② 「神への対向性」としての霊性の作用

次に『告白録』冒頭の言葉によって霊性の運動を捉えてみましょう。

「主よ、あなたは偉大であって、大いに誉め讃えられるべきである。あなたの力は大きく、その知恵ははかりがたい」（詩一四四・三、一四六・五）。しかも人間は、あなたの被造物の小さな一断片でありながらも、あなたを捉えようと欲する。人間は自分の死の性《さが》を身に負い、自分の罪の証拠と、あなたが「高ぶるものを退けたまう」（ヤコブ四・六）ことの証拠を、身に帯びてさ迷い歩いている。それにもかかわらず人間は、あなたの被造物の小さな一断片として、あなたを讃えようと欲する。喜びをもってあなたを讃えるように励ますのはあなた自身である。なぜなら、あなたはわたしたちをあなたに向けて造りたまい、あなたのうちに憩うまで、わたしたちの心は不安に駆られるからである。（『告白録』第一巻、一、私訳）

彼は、最初、旧約聖書の「詩編」を引用し、神の偉大さを高らかに賛美していますが、次にその偉大さを人間の卑小さと対比させて、神と人との絶対的距離を知るように導いていきます。人間の卑小さは「あなたの被造物の小さな一断片」という言葉に適切にも示されています。しかしこの卑小さはパスカルが『パンセ』の中で宇宙の無限空間と対比して捉えた人間のはかなさと似ていますが、実は相違しています。宇宙と人間との対比はたとえその差が無限に大きくとも、単なる「差異」にすぎません。差異は対立の程度が弱く、相対的にとどまっています。それに対しアウグスティヌスはここで、人間がその一断片である「被造物」と「創造者」との対立を考えています。すると宇宙内部での相対的な対比の段階を超えた高度の対立が立てられていることになります。ところで、被造物が創造者の意志に従って存在しているかぎり、そこには意志の一致のゆえに両者の間に対立はさほど明瞭には意識されていません。この対立がはっきりと意識されるようになるのは、人間の意志が「高ぶり」によって創造者に反逆し、「罪」を犯すときです。このとき神は「高ぶるものを退けたもう」ゆえに、神と罪人との対立は、対立の度合いが最高度に達する「矛盾対立」となり、絶対的断絶となります。この状態はこのテキストでは罪の結果引き寄せた「死の性」と「罪の証拠」および高慢を退ける神の審判として述べられています。人間の現状はこのような悲惨な堕落した状態にあって、その中を「さ迷い歩いている」と語られています。

このような神と人との絶対的断絶は両者の関係の廃棄を意味しているのでしょうか。「それにもかかわらず」という言葉は絶対的断絶を認めたうえでの関係の回復を示しています。この回復が生じるためにはまず人間の自己のありのままの姿が素直に認められねばなりません。それは「あなたの被造物の小さな一断片」としての自己認識です。この認識は同時に自己の創造者に対する賛美を含んではいても、自己の犯した罪の重荷のゆえに賛美の声は声にならないほどか細くなっています。ただ、神からの力強い励ましによってのみ「喜びをもってあなたを讃える」ことが生じるのです。

こうして彼の最も有名な言葉が語られています。すなわち「あなたはわたしたちをあなたに向けて造りたまい、あなたのうちに憩うまで、わたしたちの心は不安に駆られる」と。さて、既述のように人間が神によって造られた被造物であるということは、永遠なる神と性質を異にする可死的生命のことだけを意味しておりません。それは「あなたはわたしたちをあなたに向けて（ad te）造りたもうた」とあるように、神への対向性をも意味しています。このように被造物に創造の初めから与えられている根源的な対向性は「あなたのうちに（in te）憩うまで」安きを得ないと語られているように、その目標とするところは神の内にある平安です。この平安にいたるまでの状態は「わたしたちの心は不安に駆られる」と説明されています。「不安」（inquietus）は「平安」（quies）を失った状態であっても、心理的な「落ち着きのない」状態ではないのです。この場合「心」（cor）は心理的状態でも心的素質でもなく、人間存在の全体的動態を表明していると考えられます。というのは「あなたに向けて」（ad te）と「あなたのうちに」（in te）という言葉は、さきに述べた神との断絶状態を前提としており、この状態を『告白録』で多く用いられる「あなたから離れて」（abs te）で言い表わすと、三つの前置詞（ad, in, abs）によって神との関係の喪失と回復とが動的に示されているからです。ここに霊性が「神への対向性」を自己のうちに根源的にもっていることが明らかとなっています。

③　三つの宗教的作用

このようなアウグスティヌスの宗教的な心の運動からわたしたちは霊性の独自な法則を捉えることができます。この法則はシェーラーが『人間における永遠なるもの』（Vom Ewigen im Menschen）で提示した「宗教的作用」（religiöser Akt）にもっともよく示されています。

（a）　この作用の志向は世界超越である。「あらゆる宗教的作用の特性の第一は、人間が経験する事物と事実のみならず、自分自身をも含めて有限かつ偶然的な事物一切がこの作用のなかで一つの全体にまとめられて〈世界〉という観念に合一されるということである。このような予備段階的な作用がないと、宗教的作用は起こらない。第二の特性は、宗教的作用の志向においてはこの〈世界〉は頭の上をこされる、つまり超越されるということである」。
(b) 宗教的作用は「神的なるもの」によってのみ充たされる。「宗教的作用を他のすべての精神作用と区別する最も鋭い識別特徴は、この作用のうちに一緒に与えられている洞察すなわち《世界》に属するもの、または世界自身を構成する有限のものによってはこの作用は本質的に充たされえないという洞察である」。
(c) それは自己を啓示する神的性格の存在者の受容によってのみ充たされる。「宗教的作用は形而上学の認識をも含めてその他の認識作用とは異なりそれが本質上志向しているその当の対象の側からの応答、対応作用、反応作用を要求する」(亀井裕他訳「著作集」第七巻、白水社、二一七九頁)。

④ 美的直観との類似性

アウグスティヌスとシェーラーが説く霊性の動態はプラトンの『饗宴』に叙述されている美のイデアを探求する方法に酷似しています。彼は美を目に見えるものから探求し始めて次第に超越し、美の本体、つまり美のイデア(理想存在)にまで達しようと試みています。このようにして達せられる美のイデアの直観は、探求の途上において「突如として」生じる、形而上学的体験となっています。この体験について彼は次のように叙述しています。

愛の修業にのぞんで、いま語られたところまで導かれてきた人は、さまざまの美しいものを、順序を守り、しかるべき仕方で見ながら、愛の道程もいまや終わりに近づいたころ突如として、彼は、げにも驚嘆すべき性質の美を、まざまざと目にするでありましょう。ソクラテスよ、その美こそは、まず永遠に存在し、生成、消滅、増大減少をまぬがれたものなのです。次に、ある面では美しく、他の面では醜い、というようなものではない。むしろ、その美は、それ自身が、それ自身において、それ自身だけで、一なる姿をとってつねに存在しているのです。これに対し、他の美しいものは一切、その彼方にある美にあずかっているのです。

（『饗宴』森進一訳、新潮文庫、一〇〇頁）

ここに描かれている美は形而上学的対象であり、美のイデアは永遠不変、時空を超越し、純粋に自体的存在です。美の探求を導いていたものは実はこの美であり、形而上学的体験はこの美、つまり絶対美によって捉えられ満たされているところに成立し、この体験の突如性は美の探求の途上に生じていても、探求の結果ではありません。

しかし、形而上学と宗教とでは本質的相違点が認められます。プラトンはイデアの国に帰還することを形而上学的認識において実践しようと試みているのです。形而上学は存在しているものの超越的な実体や本質を探求します。それに対し宗教は超越的な聖なるものの自己啓示によって人間の霊性を呼び覚まし、感得させています。したがって人間の霊的感得能力としての宗教的直観は形而上学的直観とは、同じ能力を用いるとしても、精神の能動と受動の在り方および直観内容において根本的な相違をきたしています。

⑤　一般的啓示と特殊啓示

宗教的直観の特徴は信仰により聖なるものの啓示を受け入れながら、啓示を通して聖なるもの自身、つまり自己啓示者自身の存在に触れる直観にまでいたろうとする点にあります。ところで、啓示には一般的啓示と特定の人格による特殊啓示とがあります。前者は宇宙・自然・歴史・内界の諸事実によってすべての人に近づき得るものであり、後者は特定の人物のもっていた神との関係・人格存在・業績・教え・言説・伝承によって生じるものです。

一般的啓示における直観はシュライアーマッハーによって「宇宙の直観」と呼ばれています。

ここで宇宙とは存在と生起の全体、つまり世界・自然・人類・歴史などを意味しています。「宗教は宇宙を直観せんとし、宇宙自身の表現と行為との中にあって、敬虔の念をもって宇宙に耳を傾けようとする。宗教は、小児のような受身の態度で、宇宙の直接の影響によって捉えられ、充たされようとする」（『宗教論』佐野勝也・石井次郎訳、岩波文庫、四九頁）。また、直観について次のように言われている点にとくに注意しましょう。

「あらゆる直観は、直観されるものの直観するものへの影響から、すなわち直観されるものの本源的にして独立せる行為から出てくる。而して、直観するものとは、直観されるものの行為を直観されるものの性質にしたがって受取り、総括し、かつ会得する」（前掲訳書、五三頁）。ここに明瞭に示されているように、宗教的直観は感性や理性を超越した聖なるものの自己啓示に対する人間の側の正しい認識であり、これによって聖なるものが自己を提示するがままの姿を捉えることができます。ところが、シュライアーマッハーは「その高次の実在論」に立ってこの実在を捉える感得力を「感情」に帰しています。この感情は「敬虔な感情」であっても、それでも「自己感情」であり、自己の「依存感情」であると規定されたため、主観主義に陥り、宗教経験に特徴的な間主観的で共同的な特性を見失っていると言わねばなりません。

⑥「預覚」と象徴的認識

シュライアーマッハーの宗教的直観をオットーは批判的に継承し、「預覚」の学説を説いています。彼は『聖なるもの』で次のように語っています。

聖なるものの現われを純真に認識し確認する能力を預覚（Divination）と名づけようと思う。「自然的に」自然法にしたがって説明しえない出来事にぶつかり、それを「徴し」として認めるとき、その認識を預覚とするのである。……この預覚と「徴し」との原理は強固な概念からなる真正な原理であり、厳密なかつ厳密に意味付けられている証明である。……預覚能力は、教養的・教義的な言語によれば「心内における聖霊の証明」（testimonium spiritus sancti internum）という美わしい名称の下に身を隠している。この名称は、預覚能力そのものを、預覚によって、永遠の真理そのものである宗教的理念にしたがって把握し判断するときには、単に比喩的に正しいのみではなく、唯一の正しい名称である。

（山谷省吾訳、岩波文庫、二二七―二二九頁）

聖なるものが超自然的出来事として現象している場合、それを聖なるものの「徴し」として認識することがここでは「預覚」と呼ばれています。また「聖霊の証明」といわれるものは人間の霊性を超えて語りかけてくる神の霊による証しなのです。そうすると人間の霊性は神の霊的な導きによって超自然的な出来事を理解し、その「徴し」の象徴的意味を感得できることになります。したがってラテン語の divinare に由来するドイツ語の Divination という語は「予知」とか「予感」といった将来の先取りと占いの意味を元来もっています。したがって「預覚」には将来の「予感」の意味が含まれています。たとえば、漱石の『こころ』には「予覚」について次のように叙述されています。

同時にわたしはKの死因を繰り返し繰り返し考えたのです。……現実と理想の衝突、それでもまだ不充分でした。わたしはしまいにKがわたしのようにたった一人で淋しくってしかたがなかった結果、急に所決したのではなかろうかと疑いだしました。そうしてまたぞっとしたのです。わたしもKの歩いた道を、Kと同じようにたどっているのだという予覚が、折々風のようにわたしの胸を横切り始めたからです。（岩波文庫、二七三―二七四頁）

ここでは予覚が予感の意味で用いられている。しかし、友人の死因が次第に深く理解され始めるところに、実は自己と友人との間に潜んでいる体験の共通性もしくは実存の同時性が明瞭に自覚されてきています。理解はこの先行する共通の体験もしくは実存の理解、つまり「先—理解」なしには正しくは生じてきません。したがって、先に指摘した「象徴的理解」、つまり一般的には理解しがたい超自然的出来事を何かの徴しとして理解すること、これにこの実存的「先—理解」を加えると、Divinationを「預覚」として用いることができます。しかし、合理的理解を求めているオットーにはこの実存的契機は希薄なのです。

このように見てくると霊性には独自の法則性があることが判明します。霊性はやはり何といっても「内面性」なのです。しかし、この内両性は、既述の神殿の構造と同じく、上に向かって開かれています。そこには神への「対向性」が所与として認められます。植物が本性において光に向かって脱自的に上昇するように、また環境に対する行動の法則が動物の本能のうちに書き込まれているのに似て、人は霊性を「聖なるもの」への脱自的「対向性」を根源的所与として初めからもっています。それゆえに、この霊性は聖なるもの自身によって充たされる以外には安息は決して見いだされません。そして、事実、聖なるものが霊性に対し自己を顕現させ啓示するとき、霊性は呼び覚まされて、聖なるものを直観的に感得するようになるのです。この直観は啓示を信仰によって受容するため、受動的ですが、進んで受容する以上、自発的に作用しています。この作用は聖なるものの恵みと愛によって発動するため、愛の情念を伴っています。そのため感情的契機が認められ、霊性によって人は神に触れることができます。しかし、その直観の作用は、啓示の超自然的出来事を聖なるものの現象の徴しとして捉える象徴的理解をめざす認識なのです。とはいえ直観するものは直観される対象と自己との間に、事物認識の場合のように、距離を置かないで、共通の霊的在り方に立って間主観的な認識をすすめていくことができます。こうして霊性の作用は聖なるものの現象を通して聖なるもの自身を直観的に感得するようになります。しかも霊性は神の霊と自己との一致によって通常の認識を超えた霊的直観にまで到達しています。そのため霊性は神の目をもって世界と自己とを理解し、通常の可能性を原則的に超えた神的可能性の下に洞察を深めていくことができるのです。こうした霊性の照明を受け、その導きによって初めて、人間の知性と理性も道を誤ることなく健全な歩みを続けることができます。

テニスンはこのような理想的認識を次のように歌っています。

知性に光をあらしめよ、いよいよあかるく
心には敬虔の念を宿らしめよ、いよいよ深く
知性と霊性とが階調を奏でて、

昔の通りに、そして一層響きも大きく和音を鳴らすために。

（『イン・メモリアム』入江直祐訳、岩波文庫、一八頁）

第Ⅲ部　キリスト教と日本文化

第一章　東西の霊性（信仰）についての比較

1　ヨーロッパ的霊性の源流

①　霊性の普遍性と特殊性

これまでは霊性の一般的特徴について考察してきました。霊性は人間の自然的本性としてすべての人に所与として備えられているにしても、地域や時代によりそれぞれ特徴豊かに展開しながら独自の伝統を形成してきました。たとえば、鈴木大拙の説く「日本的霊性」は鎌倉仏教において創造され、日本的な宗教性の伝統を形成しています。彼はこう言っています。

霊性は普遍性をもっていて、どこの民族に限られたというわけのものでないことがわかる。漢民族の霊性もヨーロッパ諸民族の霊性も日本民族の霊性も、霊性である限り、変わったものであってはならぬ。しかし霊性の目覚めから、それが精神活動の諸事象の上に現われる様式には、各民族に相異するものがある、即ち日本的霊性なるものが話され得るのである。

（『日本的霊性』岩波文庫、二〇頁）

彼は宗教の大地性を強調しています。

宗教は上天かくるともいえるが、その実質は大地に在る。霊性は大地を根として生きている。……生命はみな天をさしている。が、根はどうしても大地におろさねばならぬ。大地に係わりのない生命は、本当の意味で生きていない。天は畏るべきだが、大地は親しむべく愛すべきである。……霊性の奥の院は、実に大地の座に在る。……それゆえ宗教は、親しく大地の上に起臥する人間即ち農民の中から出るときに、最も真実性をもつ。（前掲書四二頁）

こうして彼は日本的霊性の特質を越後の農民の間にあって大地的霊性を経験した親鸞の『歎異抄』から解明しています（その他の著作では、学問的な『教行信証』は除かれ、『消息集』と『和讃』が重要視されています）。日本の親鸞と比較されるのはルターです。彼も「農民の子」であるとの自覚をもっています。彼も親鸞と同様最初は学問的に求道し、中世のスコラ神学を学びましたが、救済にいたらず、自ら親しく聖書に学び、ドイツ的霊性に立って救済の経験を得ています。それゆえ、ルターの信仰からドイツ的霊性の特質を指摘し、ヨーロッパ的霊性の特質の一面を明らかにしてみましょう。

②　ルターにおける霊性の特質

ルターにとり霊性とは魂の上位の部分の機能であり、そこにおいて信仰が神の言葉と一つになる経験が生じます。霊性の場所的表現はドイツ神秘主義の「魂の根底」に由来しています。ここではこの霊性に立つ信仰の特徴を列挙しておきましょう。

（a）「信仰のみによる」（sola fide）という義認の教えは信仰の純化であり、人間的な付属物のすべてを取り去っています。しかも信仰は純粋な「心の信頼」として理解され、現世的所有・業績・権力そして愛からも人は解放され、一人の人格として神の前に立っています。「神の前」と「人々の前」とが明瞭に区別され、これにより宗教と倫理とが峻別されているのです。ルター的霊性の第一の特質は「信仰のみによって」「神の前に立つ個人」の姿に求められます。

（b）　霊性は宗教的「良心」と同義です。ルターの宗教は「良心宗教」（カール・ホル）でありますが、厳密には「試練を受けた良心の宗教」です。彼の霊性である良心は絶えず試練に立たされています。この試練によって霊性はその信仰を純化され、神との内的な一致に向けられています。試練は最初、死の試練として、次いで律法の試練として、さらにはサタンの悪魔的試練として彼に臨み、絶望と破滅の淵に彼を突き落としています。このような地獄的試練から自己の「無」を徹底的に認識した者は、仲保者キリストへの信仰によって「有」となる。これが「無からの創造」の意味です。

（c）　霊性において神の言葉であるキリストと一つになることが花嫁神秘主義の表現によって次のように強調されています。「信仰は単に魂が神的な言葉と等しくなり、すべての恩恵に満ち自由にかつ祝福されるようにするばかりでなく、さらに魂をして、あたかも新婦をその新郎にめ合わすようにキリストと一体ならしめる。……このように富裕な高貴な義なる新郎キリストが貧しい卑しい悪い賤婦を娶って、あらゆる悪からこれを解放し、あらゆる善きものをもってこれを飾りたもうとしたら、それは何とすばらしい取り引き（家計）ではないか」（『キリスト者の自由』石原謙訳、岩波文庫二一—二七頁）。ここには神秘主義の用語が用いられていますが、神との合一ではなく、キリストと一つになる「キリスト神秘主義」、思惟や意志による合一ではない「信仰の神秘主義」という特徴が示されています。

（d） 霊性は具体的には隣人愛に結実しています。「キリスト教的な人間は自分自身においてではなくキリストと彼の隣人とにおいて、すなわちキリストにおいては信仰を通して、隣人においては愛を通して生活する」（前掲訳書四七頁）。彼によると愛の本性とは自己の信仰と義をも隣人のために捧げて、その罪を掩い、担い、それが自分自身のものであったかのように行なうことです。こうして神から自己に流入した宝は隣人に注がれ共有されます。倫理は初め宗教から峻別されていましたが、今や信仰が倫理として結実しているのです。

③ ヨーロッパ的霊性の源流

ルターはスコラ神学を克服するにあたってドイツ神秘主義を受容して自己の新しい神学を形成しました。この神学は神秘主義的傾向の強い性格をもち、ルター派の神秘思想を生み出し、その後に正統主義化していったルター教会の中にあって民衆に大きな影響を与え、ヨーロッパ的霊性の流れの一つを形成しました。これを見てもわかるように神秘主義こそヨーロッパ的霊性の土壌となっています。

神秘主義というと、それがキリスト教信仰と相容れないと判断するのは、神秘主義を余りに狭く理解することから生じている結果にすぎません。信仰自体がキリストの生命によって発現しており、霊的に生かされていることを考えれば、信仰と神秘主義とを対立的に考えるのは誤りであることは直ちに理解されるでしょう。もちろん信仰は思想として外部の世界に向けて弁明したり、教義として組織的に確立されなければなりません。しかしこのような世界観的な展開と同時に信仰は内面的にも絶えず深まり、キリストを介しての神との交わりを省察し、キリストとの一体化を求めるのも当然の歩みなのです。こうした一体となる志向こそ「神秘的合一」(unio mystica)といわれるものであって、パウロやヨハネからはじまって今日まで不断に追求されている事態です。ここから霊性の覚醒と活動が長い歴史を通して展開し、民衆に波及していきました。この霊性といえども神の言《ことば》であるキリストを無視した霊性主義者たち(Spiritualisten : Schwärmer 熱狂主義者)とはルターも戦わざるをえませんでした。また彼は伝統的な神秘主義の流れの中でも、ドイツ神秘主義(エックハルト、タウラー、ゾイゼ、『ドイツ神学』)やベルナールとボナヴェントゥラのラテン的神秘主義は受容したのですが、神の言の受肉を説かないディオニシオス・アレオパギテースとは対決し、彼の師シュタウピッツの導きのもとキリスト神秘主義を確立しました。このルターに続く神秘主義は一六、七世紀には連綿と続く底流をなしており、ヴァイゲル、アルント、ベーメの神秘主義を生み出し、ヨーロッパ的霊性の源流となりました。

2　日本的霊性の特質

霊性は感性や理性を超えた能力であり、人間の心の深みに宿っている宗教心なのです。それは現世の在り方に対する反省からはじまり、この世界を超えて永遠なるものを捉えたいという願いとなって現われています。この願望は自己の力によっては実現できないと知るや、神の恩寵や絶対の大悲に頼ろうとする信仰を生み出しました。日本人は仏教においてこのような霊性に到達し、霊性史において最も傑出した鎌倉仏教を生み出したのです。

①　浄土真宗における霊性の発現

鈴木大拙の名著『日本的霊性』によると古代の日本人には深い宗教意識は見当らず、繁栄を極めた平安朝文化も感性と情性にすぐれ、頽廃的な宮廷生活を送った「大宮人」に現われているように繊細で女性的で、優雅閑寂にして感傷的でありました。したがって

平安文化はどうしても大地からの文化に置き換えられねばならなかった。その大地を代表し

たものは、地方に地盤をもつ、直接農民と交渉していた武士である……武家は腕力をもってはいたが、武家の強さはそれではない。武家の強さは、大地に根をもっていたというところにある。大地に根ざさぬ限り、腕力は破壊する一方だ。……鎌倉時代になって、日本人は本当に宗教、即ち霊性の生活に目覚めたと言える。平安時代の初めに伝教大師や弘法大師により据えられたものが、大地に落着いて、それから芽を出したと言える。日本人はそれまでは霊性の世界というものを自覚しなかった。鎌倉時代は、実に宗教思想的に見て、日本の精神史に前後比類なき光景を現出した。（前掲書四九、五〇、五一頁）

そしてこの霊性は法然に始まり親鸞で開花した浄土真宗に求めることができる、と彼は次のように語っています。

真宗の中に含まれていて、一般の日本人の心に食い入る力をもっているものは何かと言うに、純粋他力と大悲力とである。霊性の扉はここに開ける。浄土教の終局はここになければならぬ。真宗はこれを十分に捉えたので、庶民的なものになり能うたのである。浄土教が教える「浄土」よりも、その絶対他力のところに、この教の本質がある。……浄土往生は手段で、悟りが目的なのである。そうしてその浄土へ往くことのできるのは、弥陀の他力によるものなので、業に囚えられている身ではそれができぬ。絶対他力の超因果の世界を体認しなければならぬ。（前掲書五五頁）

この絶対他力の教えは法然の『勅修御伝』巻二六にある次の言葉に示されている。

弥陀の本願は機の善悪を言わず、行の多少を論ぜず、身の浄不浄を選ばず、時処諸縁を嫌わざれば、死の縁によるべからず。悪人は悪人ながら、名号を唱えて往生す、これ本願の不思議なり。弓矢の家に生まれたる人、たとい軍陣に戦い命を失うとも、念仏せば本願に乗じ、来迎に預からんこと、ゆめゆめ疑うべからず。（前掲書五七頁）

これはルターの「罪人の義認」と同じ思想であるが、「来迎」に預かるというのにはまだ「浄土往生」の考えが残っています。つまり「平安気分の余韻」のようです。これに対し親鸞は師の教えを大地に降ろして完成させました。「聖人の内的生活のうえから見て、地方における生活、大地に親しき生活は、彼をして弥陀の大悲をいよいよ深く体認せしめたものに相違ない」（前掲書五八頁)。

② 親鸞の『歎異抄』における霊性

親鸞の霊性の特質を『歎異抄』の中から探ってみましょう。

(a)「弥陀の五劫思惟の願をよくよく案ずれば、ひとえに親鸞一人《いちにん》がためなりけり」。これは「総括」に記されている親鸞の絶えず口にしていた言葉であり、「親鸞一人」に端的に現われている宗教性に注目しましょう。そこには阿弥陀仏が法蔵菩薩として修業中、衆生救済のために四八願を立てたが、その前に五劫の長きに亙って思案に思案を重ねて誓われた本願はよくよく考えてみると自分一人のためであった、と語られているのです。「わたしのため」(pro me)という実存的自覚がここにあります。この自己は「罪悪深重《ざいあくじんじゅう》、煩悩熾盛《ぼんのうしじょう》の衆生」(第一条)といわれる生き方を内実としていますが、それを我が身一個に集中して捉えているのです。これはパウロのいう「罪人の頭」としての自己認識と同じです。霊性はこのような罪性の徹底的な自己認識とともに発動してきます。したがって、この「一人」という個人は、親鸞個人であって同時に霊性における超個人でもあるのです。大拙は言っています「超個己の人——この場合では弥陀の本願——は、いつも個己の霊性を通して自己肯定を行ずるものである。これが〈ひとえに親鸞一人がためなりけり〉の体験である」（前掲書九七頁）と。

したがって念仏の他に救いはないと地方から集まった人々に語ってから、親鸞は「詮ずるところ、愚身の信心におきてはかくの如し。この上卧念仏をとりて信じ奉らんともまた捨てんとも、面々の御はからいなり」（第二条）と述べて、一人一人の決断に委ねています。

（b）ここから「念仏のみ」の信仰という基本姿勢が明瞭に説かれるようになります。

おのおの十余か国のさかいをこえて、身命をかえりみずして、たずねきたらしめ給う御こころざし、ひとえに往生極楽の道を問いきかんがためなり。然るに念仏よりほかに往生の道をも存知し、また法文等をも知りたるらんと、心にくく思し召しおわしましてはんべらんは、大いなる誤りなり。もし然らば南都北嶺にもゆゆしき学生《がくしょう》たち多く座《おわ》せられて候なれば、彼の人々にも逢い奉りて、往生の要よくよくきかるべきなり。親鸞においては、ただ念仏して弥陀にたすけられ参らすべしと、よき人の仰せを蒙《かぶ》りて、信ずるほかに別の子細《しさい》なきなり。念仏はまことに浄土にうまるるたねにてやはんべるらん、また地獄におつべき業にてやはんべるらん。総じてもて存知せざるなり。たとい法然聖人にすかされ参らせて、念仏して地獄におちたりとも、更に後悔すべからず侯。その故は、自余の行をはげみて仏になるべかりける身が、念仏を申して地獄にも堕ちて候わばこそ、すかされ奉りてという後悔も候わめ。いずれの行も及び難き身なれば、とても地獄は一定棲家ぞかし。（前掲書第二条）

ここには地方の田舎から親鸞のところに人々が集まってきて質問している有様が伝わってきます。親鸞の中心思想は如来の本願に対する絶対信仰であって、その他の仏教の所説には一顧も与えない程にまで徹底していたことが知られます。彼の念仏が徹底していたということは空念仏をとなえるといったものではなく、念仏が生活の全体に貫かれていたという意味です。彼は今までの清浄な生活に甘んじないで、人間の一般的生活の全体の上に念仏を活動させるために、「肉食妻帯」に踏み切ったのでした。聖道門と浄土門との相違は妻帯か否かではなく、生活の全体において仏の恩を感じ、大地にまで信仰を降ろして根付かせるためであったのです。同様にルターも誓願を立てた修道僧の聖性を無益として否定すべく、敢えて結婚に踏み切ったのでした。

（c）悪人正機説「善人なをもて往生をとぐ、いはんや悪人をや。しかるを、世のひとつねにいはく、悪人なをもて往生す、いかにいはんや善人をやと。この条、一旦（一応）そのいはれあるににたれども、本願他力の意趣にそむけり」（第三条）。この悪人正機説は霊性的思考です。そこには因果応報的な思想は否定されて、悪なるがゆえに善を報われるという「逆対応」の関係と

「即非」の論理が説かれています。

3　比較考察

終わりに東西の霊性を比較してその特質を考察してみましょう。

①　類似点

わたしたちはルターと親鸞とを取り上げて東西の霊性の特質を探求したのですが、そこには相違点よりも類似点の方が顕著であるといえましょう。それは次の諸点に認められるでしょう。

（a）信仰義認論　恩恵を重んじる点に両者の共通点があります。しかも罪悪観に深淵的性格がともに認められるため、「信仰によるのみ」（sola fide）という徹底した恩寵宗教が成立しています。

（b）称名信仰　キリストと阿弥陀仏という救済者の名前を呼ぶことが信仰の内実となっています。これはルターの場合には「キリストのみ」（solus Christus）の主張となり、親鸞の場合には「南無阿弥陀仏」の称名となっています。

（c）実存的性格　「親鸞一人」という主体的契機はルターの「わたしのため」（pro me）という主張と同じ内容となっています。ルターは「神の義」を行為による「能動的な義」ではなく、自己に与えられた「受動的な義」と理解し、宗教改革的認識を得たのです。

（d）非学問的性格　両者ともに学問的な精進を試みていますが、それによっては救済にいたらなかったため、信仰の理論的解明を行なわず、単純な信仰と実践とを重んじています。ともに妻帯することによって、独身生活自体に聖なるものがあるのではなく、心身の全体をあげての奉仕の生活をもって信仰の証しに努めました。

②　相違点

こうした共通点にもかかわらず、次にあげるようないくつかの相違点が認められるでしょう。

（a）現代ドイツの神学者アルトハウスは東西の恩寵宗教の共通点を認めながらも、そこに最大の相違点としてキリストの歴史的実在を主張しています。仏教の説く「阿弥陀」も「法蔵菩薩」も教えであって、実在する人物ではありません。それに対し「キリスト」は職名であって、人名ではないにしても、キリスト教の主帳はナザレ出身のイエスという人物の内にキリストの実現せる姿を捉えています。

（b）鈴木大拙と柳宗悦といった現代の代表的仏教徒はともに両者の相違をキリスト教の男性的性格と仏教の女性的性格に求めています。キリスト教では神と人との関係を父子関係に見ており、そのさい父は子に対し律法を課し、それを行なうように要求している、と彼らは考え、そこには未だ律法の要素が残存しているというのです。それに対し仏教は仏の大悲を説き、母がその子に対するように無償の愛を注ぐというのです。だからキリスト教は仏教にならって真の愛の宗教に発展しなければならないと批判しています。

（c）宗教的価値「聖」を捉える視点が両者においては相違しています。キリスト教は根源的聖者イエスもしくはその使徒たちとの時空を超えた人格的触れ合いによって聖なるものは感得されると主張しています。ですが、仏教では悟りが中心であるため知的な直観によって自然を超えた聖なる法を捉えることがめざされています。そこから霊性の人格的情緒的側面と知性的直観的側面との相違が明らかになってきています。

③　信仰の動態の対比

霊性という信仰の深みにおいてはこうした共通点と相違点とが見られるのですが、一般信徒の生活では民間信仰がそれとは相違した特質を呈示しています。キリスト教にも民間信仰においてご利益を求める傾向はいつの時代にも見られるにしても、宗教改革は信仰の純化によって贖罪思想を中心として教義を確立しました。それに対し仏教の場合は先祖崇拝や地獄思想、さらに幸運を祈願する民間信仰を受け入れています。

第二章　日本的人倫組織とキリスト教

キリスト教と日本文化との出会いは十六世紀のキリシタンと明治以来のキリスト教の到来との二つの経過をとって生じてきました。ここでは明治以来の出会いについて考えてみましょう。キリスト教と異文化との接触について第Ｉ部第三章で考察しましたが、実はキリスト教と日本文化との出会いの考察こそ、わたしたちにとって最大の課題です。さらに異文化との接触における類型化について語ったとき、社会的・宗教的に未完成の文化と完成した文化の中にキリスト教が異文化として入っていく場面を類型的に分けてみましたが、十六世紀のキリシタンの場合は前者に属し、明治期の場合は後者に属しているといえるでしょう。明治期の日本は古来の伝統社会を維持しながら近代国家として誕生しようと努力していたため、キリスト教よりも西洋近代文化の受容に向かうことになりました。明治維新の基本姿勢が伝統社会から近代社会への質的転換ではなく、あくまでも伝統社会に立って近代化を受け入れていく「維新」であったことが、この時期におけるキリスト教徒との出会いの特徴となっています。日本的人倫組織はすでに確立されており、牢固たる地盤を形成していたのです。

日本文化について簡単にその特質をここで論じることはできません。しかし、この文化は多様な形態をとって現象していても、その特質は日本社会の家族的性格に由来しているといえます。古来「人を射んすれば、馬を射よ」といわれているように、日本文化を捉えるためにはその基礎である社会的地盤を解明しなければなりません。それこそ日本的人倫組織である家族に他なりません。

1　日本社会の家族的特質

①　日本の精神風土

社会学的に見ても「家族」は社会の最小構成単位です。古代社会では家族が大きくなって氏族となり、村社会を形成し、氏族は集合して部族となり、部族の連合体は民族となり、国家の成立にいたっています。しかし日本社会では家族が氏族、部族、民族、国家に向かって拡大していきながらも、それがつねに同心円の中心に不動の位置を占め、中世封建社会においても、近代に入っても依然として確固たる力を維持し、そのため個人の自覚が十分に育たないという重大な結果をもたらしました。個人の自覚はヨーロッパ社会ではキリスト教のお陰で育成され、中世を通して成長し、個人主義と合理主義とを根幹とする近代を産み出す原動力となっています。それに反し日本においては「家族」の枠組みが強力に作用し、合理化と革新とはこの枠組みの内部で行なわれる体制内改革という「調停」に終始してきたため、ついに革命なき「維新」、変革なき「戦後」を来してしまったのです。そこには人間の個人としての成熟が社会を形成する力となっていないままであるといえましょう。個人の成長を抑えてきたのは「お家のために」「藩のために」「国のために」「会社のために」といったスローガンによる圧力であり、社会という人倫組織のゆえに個人としての価値は全く無視されてきたのです。

そこから有限なる人倫組織の絶対視がわたしたちの間に広がっていきました。日本社会で重んじられているのは主体的人間でも、人類的視野に立つ普遍的人間でもなく、主として限定された特殊な人倫的組織に従属する人間なのです。それが個人として普遍的意義を有する人間よりも重視されており、こうして個人が共同体に埋没することは美徳とさえ考えられるようになりました。中村元は『東洋人の思惟方法』第四編「日本人の思惟方法」の中で次のように語っています。

人倫的組織を重視する思惟方法によるならば、倫理的には限定せられた特殊な人間共同体において互いに真実をつくすこと、互いにおおい隠さぬ自己帰投がとくに強調される。このような態度は一般に人間の道徳の根本的要請であるが、日本人の生活においてはとくに支配的地位を占めている。具体的な人倫的組織のために自己を捧げるという道徳思想は日本の歴史においてはきわめて有力にはたらいている。

もちろん、前章で学んだ日本の宗教にはすぐれた思想家が数多く存在しています。そこには親鸞のように個人の実存の意識にまで思想は深まっていたのですが、それでも日本社会の全体と民間での信仰形態においては、神道が国家宗教として支配するようになったことを見ても自明のように、個人の意識は成熟するようになりませんでした。ところがキリスト教は神によって個人の魂を悪き現世から解放することを主たる宣教内容としてきたのです。したがって「神の前に立つ個人」の確立がその主題となりました。ですが、ここで注意すべき点はこの個人が近代的な個人とは異質であって、「神との人格関係における個人」であり、個人主義と合理主義に立つ個人ではないということです。キリスト教の主張する個人は近代人とともに「個人の尊厳」を説くのですが、その個人は「神」という「普遍的人格」との「関係」において「自己確認」（アイデンティティ）を得ているような個人なのです。この個人は近代人の孤立した個人よりも、人倫組織のうちにある個人の方に近いように考えられます。もしそうなら、個人の関わる「神」という存在の代わりに「家族」を置き換えることが可能となるでしょう。しかし、現実には「神」と「家族」とは激烈に対立し、闘争し合っています。この両者の総合は「神の家族」という理念として思想的には与えられていても、その現実化はきわめて困難であるといわねばなりません。

②　間柄関係の私的性格

人倫組織に従属する人間においては時代の支配的傾向なり、権力の意志に違反することは悪と考えられています。こうした体制は国家の支配者の思う壺であって、彼らは人倫の基礎である家族の秩序を利用し、この秩序を固定することによって自己の支配を正当化させてきたのです。こうした社会に育まれた日本的人倫の特質は、家族のために無私の奉仕をしながらも、当の家族こそ「私の家族」（「わが家」「お家のため」）であることから、その「間柄関係」において「私」を徹底的に排除しながらもきわめて著しい「私的存在」を形成している点に求められるでしょう。この点は和辻哲郎によって次のように指摘されています。

しからば我々が手近に見いだし得る最も著しい私的な存在は何であろうか。それは孤立的存在ではなく、かえって間柄的存在なのである。すなわち、ただひとりの相手以外のあらゆる他の人の参与を拒むところの存在である。あらゆる他者の参与を拒むということがどこにも見いだせない不可能事であるのに対して、ただひとりの例外を除いてあらゆる他の人の参与を拒むということは、日常的にきわめてありふれた存在の仕方なのである。……この私的存在は明白に二重性格を帯びてくる。すなわち内において「私」を徹底的に消滅せしめることが、同時に外に対して最も顕著に私的存在の性格を与えるゆえんである。

（『倫理学』上巻、岩波書店、三三五―三三六頁）

こうした家族内部の二人の関係は互いに他に対し献身する二人関係であるが、あらゆる他人の参与を拒んでいるので、きわめて親密な「我と汝」関係を形造っているが、他の人を排除するため私的になっています。ここに日本的家族の閉鎖性という独自な性格が浮き彫りになってきます。

③ 「汝の二項方式」

このような日本的「我と汝」関係の特質を森有正は内容的にいっそう明らかにし、それを「汝の二項方式」と明瞭に規定しました。すなわち「我と汝」という間柄が「私」を消して「汝」に献身することにより、「我」が内容上「汝の求めているもの」となっており、「我-汝」の代わりに「汝-汝」という「汝の二項方式」が成立していると考えました。ここに生じている日本的人倫関係の最大の問題点は、他者に「汝」として関与することが何故に「一人の例外を除いてあらゆる他の人の参与を排除する」ことになるのか、ということです。

ここでわたしたちは有名な『我と汝』を書いたマルティン・ブーバーの哲学で重要な概念である Ausschliesslichkeit を参照してこの事柄について考えてみましょう。この語は「専一性」とも「排他性」とも訳されています。前者は他者に向かって対向する姿勢を、後者は他者の付属物と所有とを排斥して他者の人格に迫る姿勢を、それぞれ表現しています。他者にもっぱら関わるとき、排他的契機が働いているとはいえ、わたしたちの心は「汝関係」の光の下に他者に対して開かれているといえるでしょう。もしも、二人関係に閉じこもるとしたら、それは「排他的占有」となり、人格的な「汝」が物化し、私的なものに変質してしまいます。そうすると専一性は何時の間にか他のいっさいの「締め出し」(Ausschliessung)となっています。この変質過程についてブーバーは次のように語っています。

この世界におけるひとつの実在あるいは実在的なものとの真実な関係は、すべて専一的である。真実な関係において汝は解き放たれ、歩み出てきて、かけがえのない唯一のものとしてわれわれに向かい合って存在する。……他のすべてのものはその汝の光のなかで生きるのである。だが汝がそれに化するやいなや、その広大な領界は世界に対する不当となり、その専一性は一切のものの締め出しとなるのである。(『対話的原理Ⅰ』みすず書房、一〇三頁)

「汝」を語ることによって一つの世界がわたしたちの面前に開かれてきます。この人格的な「汝」が「それ」という非人格的・物的・利害の関係に変質することによって、「汝」は積極的関係行為を喪失し、「汝」によって「我」を維持する保身的な「閉じこもり」となってしまいます。問題は「汝」が物化し、非人格化して、自己の内に閉じこもっていることとです。ヨーロッパ的な自我が自己中心的な個我になっていって「我と我」の対決となっているのに反し、日本的自我は他者に向かってわずか一人に開かれたままで凍結し、他のすべてを締め出しているのです。自我が他者に向かって開かれているか閉じているかの問題はここにはなく、わずかに開かれたままで凍結しているといえましょう。日本人の場合には島国という地理的条件や人格神に触れることがなかったという歴史的制約と伝統、さらに豊かな自然に恵まれた自足性も働いて、このような矛盾した「我-汝」関係、表面的な「汝-汝」関係という「汝の二項方式」が生まれてきています。

2　明治以来のキリスト教受容の特徴

さて、明治維新前後になると、このような日本社会にキリスト教が到来し、文化的な接触が起こったのですが、そこにはどのような変化が生じたのでしょうか。日本は江戸時代この方、伝統的な文化をすでに形成していました。そして宣教師たちによって伝えられたキリスト教はヨーロッパ的な近代化と世俗化の渦中にあって、宗教的には力の衰えた文化的キリスト教であったのです。このように弱体化したキリスト教が日本に伝えられたとき、伝統的文化をもっていた日本人によってキリスト教なき西洋文明のみが受容されたのも不思議ではありません。

もちろん倫理的色彩の強いピューリタン主義がアメリカを経て日本に入り、多大の社会的な貢献を果たした点は認められなければならないでしょう。禁酒・禁煙、廃娼、女子教育の向上などの運動は相当の成果を収めました。また資本主義の徳目たる勤勉・労働・誠実・信用といった美徳は奨励されもしたのです。ところが、これらの運動や道徳は受容されたとしても、この運動の原動力であったキリスト教は排斥され、宗教を除いた西洋文明だけが、高度に発達した資本主義の生産様式ともども受容され、外形的に近代化をいち早く達成したといえるでしょう。ところが宗教なき西洋文明と科学技術の導入は、すでに世俗化されていたキリスト教を徹底的に推進したにほかなりません。世俗化のプロセスの中で西洋社会では少なくとも教会の外形は止めていましたので、世俗化の現象を衰退現象として提示する印となっており、宗教の根源を間接的にではありますが、象徴的に示していました。それに反し、日本に流入してきた西洋文明はこの外的枠組みをもたずに異質化した文明であったため、その生みの親であるキリスト教を排斥して文明だけを取り入れることが容易に実現したのです。こうして和魂洋才の折衷主義が、洋室と和室とが併存する日本家屋のように、物の見事に実現したのでした。

このような傾向は第二次世界大戦とともに終わり、敗戦後は再度キリスト教自体を真剣に受容する方向に向かうかのように思われました。しかし、これもアメリカ文明の流入となっただけで、キリスト教の受容にはほとんど見るべきものはなかったのです。むしろ時代の無神論とニヒリズムの圧倒的影響を受けて宗教は顧みられず、政治的・経済的発展のみが追求されたにすぎないといえましょう。ただ僅かに思想と学問、また世界観としてキリスト教が研究の対象となり、その研究の水準は高まったが、教会の勢力は依然としてふるわず、日本に対する文化的影響はほとんどありませんでした。

第三章　恥の文化と良心の文化

次にわたしたちは日本文化とキリスト教との差異を恥と良心との関連によって明らかにしてみたいと思います。これはアメリカの文化人類学者ルース・ベネディクトが「日本文化の型」を「恥の文化」と規定したことによって初めて提起された問題です。これを契機にして、戦後、日本文化論が大いなる展開を見るにいたりました。

1　ルース・ベネディクト『菊と刀』の問題提起

①「恥の文化と罪の文化」

文化人類学の観点からベネディクトは文化を総体的に規定し、欧米との比較から日本文化の型を「恥の文化」とみなしています。彼女は次のように語っています。

さまざまな文化の人類学的研究において重要なことは、恥を基調とする文化と、罪を基調とする文化を区別することである。道徳の絶対的標準を説き、良心の啓発を頼みにする社会は、罪の文化（guilt culture）と定義することができる。しかしながらそのような、社会の人間も、例えばアメリカの場合のように、罪悪感のほかに、それ自体では決して罪でない何かへまなことをしでかした時に、恥辱感にさいなまれることがありうる。……罪を犯した人間は、その罪を包まず告白することによって、重荷をおろすことができる。……恥が主要な強制力となっているところにおいては、たとえ相手が懺悔聴聞僧であっても、あやまちを告白しても一向に気が楽にはならない。それどころか逆に悪い行いが「世人の前に露見」しない限り、思いわずらう必要はないのであって、告白はかえって自ら苦労を求めることになると考えられている。したがって、恥の文化（shame culture）には、人間に対してはもとより、神に対してさえも告白するという習慣はない。幸運を祈願する儀式はあるが、贖罪の儀式はない。

（『菊と刀――日本文化の型』長谷川松治訳、現代教養文庫、二五七頁）

このような恥の文化と罪の文化との対比による日本と欧米との文化的比較がそれ自体としてきわめて優れた洞察であることを何人も疑わないでしょう。恥の文化が強力にわたしたちを支配している事実は認めざるを得ないからです。このことは日本の地理的・歴史的条件を考えるならば当然といえるでしょう。四方を海によって囲まれ、外敵の侵入もなかったわが国では総じて社会変動が緩慢で、しかも僅かであり、社会の枠組みを残したままで歴史を経過し、超越的な人格神との出会いもなく、内面的な罪の自覚が育たず、社会的制裁という外面的な強制によって社会の秩序が保たれてきました。「恥は他人の批評に対する反応である」とベネディクトが言っているように、世評・世間体・外聞に基づいてコントロールされる行動様式は恥辱感を原動力としています。これに対し他人が見ていなくとも、自らの良心に照らして行動するのが、罪と良心による行動様式です。

②　恥の諸類型

恥はわたしたちが所属している集団の中で他者と自己とを比較して感じる劣位の意識です。それは特定の所属集団において感じられるものでありますから、対社会的な意識です。もちろん他人と比較しなくとも自己の立てた理想や規範に反するようなときにも、理想の自己と現実の自己との比較によって恥の意識が生じてきます。さらに異性との関係においても羞恥心が起こってきます。羞恥は自己への省みによって、つまり意識の志向が自己自身に向くときに生じてきます。

例えば火事のとき、着の身着のままで外に飛び出した婦人が自分の身を省みるときに、羞恥を感じるのと同じ現象です。

日本においては恥を知るというのは美徳です。社会集団からの逸脱行為は恥の意識によって抑制され得るからです。こうして恥ずかしくない行為という消極的な行動様式はきわめて日本的でありますし、集団における「和」を尊ぶ精神として今日においても定着しています。それに対し欧米においては「恥」ということばは道徳的意味に用いられていても、社会的コントロールの意味ではなく、各人の内なる「心」である「良心」を喚起する仕方で用いられています。例えばドイツ語で「恥を知りなさい」(Schämen Sie sich)と言われますが、これに続けて「心に深く」(ins Hertz)が付け加えられています。したがって恥が良心に連動しているのです。それゆえ欧米の文献では恥と良心の区別は本来なく、シュトーカーによれば恥の赤面現象は「真正な良心現象」に他なりません。ただ、恥の方が反省以前の直接的で全身的な反応であり、良心よりも根源的な罪責体験を表出しています。

2　公恥と私恥

ベネディクトが主張した「恥の文化」の妥当性について多くの議論がなされ、肯定するものと否定するものとが発表されました。その中でも原則的に彼女の主張を認めながらも、恥を「公恥」と「私恥」とに分けることを提案した作田啓一の説は注目に値します。彼はマックス・シェーラーの羞恥心の分析を手がかりにして恥を二つの形態に分析しました。

①　公　恥

公恥というのは所属集団において他人と比較して劣位の意識を感じる場合の恥の形態であり、世間体や外聞を重んじる日本人の感じやすい恥の形態です。それに対し、もう一つの恥の形態が区別されます。それは「私恥」といわれるものです。

②　私　恥

私恥というのは所属集団にあってそれとは別の準拠集団に対し劣位の意識をもつときの恥の形

態です。この場合には、周囲のだれも見ていないのに、自己の在り方を別の準拠集団の尺度に照らすことによって劣位の意識が生じてきます。このことは自己の理想的な姿をもって現在の自己を反省する場合にも感じられます。それは「自ら省みる」ことによって感じられる劣位の意識ですから、「自恥」というべきでしょう。

そしてベネディクトの主張はこの「公恥」に当たるのであって、「私恥」や「自恥」には妥当していません。

③ 恥と罪

ベネディルトは「恥の文化」と「罪の文化」とを区別しました。この区別では先の引用文にあるように「道徳の絶対的標準を説き、良心の啓発を頼みにする社会」が罪の文化であると考えられています。したがって「人格神の審判の下に立つ良心」こそ罪の意識を生み出すとの前提に立っているのです。そうすると「恥と罪」との関係は「恥と良心」の関係に置き換えることができます。こうしてみると彼女は「恥と良心」とを文化人類学的に対立させていることになりますが、こうした対立面の真理性のみならず、「恥から良心へ」の連続面の真理性をも解明すべきことが明らかになってきます。この点をいっそう明らかにするために次に良心の三段階を取り上げてみましょう。

3　良心の三段階

恥は心身の全体で直観的に感じられる劣位の意識であるのに対し、良心は自己の犯した罪の反省から起こってくるやましい意識です。先に論じた私恥とか自恥というのは「自己への省み」によって感じられる劣位の意識ですから、恥とはいえ反省の段階に入っていて、良心の領域に接近しています。前に言及した「心に深く恥じなさい」という表現の中に「良心的反省」が要請されていることを看過してはなりません。むしろ恥は良心の深みへと向かう傾向を本性的に備えもっているといえます。他方良心も、社会的良心・倫理的良心・宗教的良心からなる三段階に分けられています。

①　社会的良心

社会の法、習俗、掟、規範、流行、作法などの外面的な規定によってわたしたちの良心は裁かれたり苦しめられたりしています。これが社会的良心の実体です。これは社会心理学者によって

「一般化された他者」ともいわれる、わたしたちの内にある社会習俗の意識でもあるのです。そうするとこの良心の形態はほぼ恥と同じになり、恥が劣位の意識であるのに対し、良心は自己反省による意識であるという差異があるのみです。

② 倫理的良心

良心は自己の理性の命令、規範、要請、尺度によっても裁かれる意識といえましょう。良心はわたしの内にある法廷であって、良心はより高い自己として理性をもって罪を犯しているより低い自己を審判します。この法廷はすべての理性的存在者に備わっているため、たとえ他人が見ていなくとも、理性が犯した罪を見ており、良心を証人としてわたしを告発します。それゆえ良心はわたしにとってより高い自己であるため、わたしの同罪者ではないが、わたしの共知者であり、審判者でもあります。ここに倫理的意識の根源が与えられているのです。

③ 宗教的良心

さらに良心は罪を犯したわたしとともに苦しむ同苦者です。罪を犯したわたしは罪の重荷のゆえに絶望的になり、破滅に瀕していて、死の淵にたたずんでいるとしても、それでもなおわたしの良心は、わたしとともに苦しみながら神による赦しを信じて、救いを求めることを止めません。この信仰のゆえに死から生命へと飛躍し、神の恵みを受容し、新しい命に生まれ変わることができます。

このように良心を三段階に分けて考えるならば、公恥を社会的良心に、私恥と自恥を倫理的良心に、それぞれ振り当てることが可能です。たしかに日本人の場合には公恥や社会的良心が支配的であり、これによって私恥と自恥や倫理的良心が抑制されているのではないでしょうか。この点を明らかにするために日本人の行動様式を問題にし、さらに漱石の『こころ』を参照してみたいと思います。

4　恥と良心の日本的特徴

①　日本的良心としての忠誠心

日本人の一般的な行動は個人の内面性にもとづくよりも社会的規範に敏感に反応して起こります。それゆえ良心は一種の忠誠心となっている場合が多いのです。このことはたとえば航空機疑獄事件によって非常に明らかになりました。上役や会社への忠誠心によって国会で良心にもとづいて証言すると誓約しておきながら、平気で偽証しているのです。また汚職事件が集団で発生することも稀ではありません。「赤信号、皆で渡れば、こわくない」といった行動様式が定着し、良心を麻痺させている現象が顕著に見られます。

② 漱石の『こころ』における恥と良心

次の引用文に恥が良心を抑圧している有様が手にとるように描写されています。

Kに対するわたしの良心が復活したのは、わたしが宅の格子をあけて、玄関から座敷へ通る時、すなわち例のごとく彼の室を抜けようとした瞬間でした。……わたしはその刹那に、彼の前に手をついて、謝りたくなったのです。……もしKとわたしがたった二人広野のまん中にでも立っていたならば、わたしはきっと良心の命令に従って、その場で彼に謝罪したろうと思います。しかし奥には人がいます。わたしの自然はすぐそこで食い留められてしまったのです。そして悲しい事に永久に復活しなかったのです。

この良心は「奥には人がいます」という社会的意識によって阻止されてしまいます。これが日本人の恥の意識と言えるでしょう。こうして恥が良心の発動をとめてしまうのです。

第四章　愛の諸相

文化は人間関係の中に実現しており、人間関係は愛によって満たされ支えられています。それゆえ、愛のわざの中に文化は生ける姿をとって現象していると言えるでしょう。キリスト教は神の愛であるアガペーによってその信徒を生かし、人間的な愛ですら、アガペーによって生かされております。アガペーはエロースと同じく一方的な愛であっても、神からと人間からとでは、方向がまったく相反しているのです。アガペーはフィリア（友愛）と同じく相互的な愛であっても、フィリアのように対等な存在者のあいだに生じるものではないのです。人間的な愛は自然的な発露によって生まれてきており、親の愛ですら、義務とは考えられてはいません。それに対しアガペーは「汝の隣人を愛すべし」といって厳しく命令します。このように愛を義務と見るのは、キリスト教的発想です。ですからこのようなキリスト教的な愛を古来の日本的な愛に求めることはたしかに無理です。この点を伊藤整が問題にしていますので、彼の主張を参照してみましょう。

1　伊藤整『近代日本における「愛」の虚偽』

①「恋」と「愛」との混同

明治以来、日本文学は西欧文化の影響を受けてきており、中でも男女や夫婦の「恋愛」が「愛」というキリスト教的な意味をもったことばで表現されてきました。もちろん「恋愛」も「愛」には相違ないのですが、二つのことばの意味内容を明確に区別しないままに、混同して用いてきたところに虚偽があると言えましょう。たしかに日本にはキリスト教的愛の観念はなかったので、愛ということばで主として男女の恋愛関係が表現されてきました。キリスト教の学校で用務員として働いていた或る婦人が、机上の扇子に「あなたがたは互いに愛し合いなさい」という聖句が書き込まれているのを見て、羞恥を感じると言っているのを目撃したことがあります。また、キリスト教の信徒の間では「交わり」ということばをよく用いていますが、これを聞いた日本人が性的交渉を連想するということも、同じ事態を意味しています。文化の相違がことばに含まれている意味内容、つまり概念にあることが、ここに判明します。

伊藤整はこうした恋愛をキリスト教的愛と錯覚する近代日本文学の方法に虚偽があることを指

摘して次のように語っています。

キリスト教系の祈りの発想のないところでの夫婦の愛というものは、大きな疑いの目で見直されなければならぬ。ヨーロッパ思想の最大の虚偽（やむを得ざるところの）が存在しているのは、「愛」という言葉による男女の結合においてである。その点では、我々の方が遥かにリアリストである。我々は恋と慈悲との区別を知っている。愛という言葉を優しい甘美なものとしてその関係に使う場合にも、我々は「恋愛」として限定する。その実質において、征服と被征服の関係であり、相互利用の関係であり、または肉体の強力な結びつきにおいて、対象を取り変えないことを道徳的に拘束するこの関係を、神の存在を前提としてのみ成立し得る「愛」によって説明して来たこの百年間に、異教徒の日本人の間に多くの悲劇が生まれた。

（『近代日本における「愛」の虚偽』岩波文庫、一四八—一四九頁）

こうした「恋」と「愛」との混同が日本の知識階級に浸透したため、多くの女性が絶望に追い込まれたと、彼は続けて語っています。日本の社会では自由な交際がなかったので「愛のない見合い結婚」をせざるをえなかったのに、それに不満を感じさせたのもこの混同によるとも説かれています。

②　伊藤整の恋愛観

彼の意見は一応の正当性をもっていますが、この引用文にも明らかにあらわれているように、恋愛を身体的欲望と衝動に還元する自然主義的な理論に彼は立って発言しているのです。なぜなら恋愛を「征服と被征服の関係」・「相互利用の関係」・「肉体の強力な結びつき」であると彼は考えているからです。また彼は「我々は恋と慈悲との区別を知っている」とも主張しているように、仏教的な慈悲の精神からも恋愛を引き離し、日本人の恋愛は「江戸時代的で性的放縦」にすぎないことを認めているのです。彼はD・H・ローレンスの『チャタレー婦人の恋人』の翻訳者であり、ローレンスの『現代人は愛し得るか』で展開しているヨーロッパ人における信仰の衰退に伴う愛の消滅を知ってか、次のように語っています。

信仰の衰退とともに、キリスト教徒の間でも、夫婦が愛で結びつくことがいかに不可能であるかという物語がとくに二十世紀に入ってから、次々と書かれている。夫婦の現実の結びつきは現実には主我的人間の攻守同盟的結びつきに他ならないのであり、貞潔の約束は強制と隷属に変化しており、そこで最も無視されるのは愛であることは、幾多の文学作品によって証明されて来たのだ。（前掲書一九四頁）

現代人を主我的人間のエゴイズムによって捉える、ローレンスの人生観がここには明瞭に反映しているといえるでしょう。こうした思想から日本では「心的習慣として他者への愛の働きかけ」がない、といった判断が臆面もなく下されています。

③　古来の人倫の教え

現実の人間はエゴイズムの塊かも知れないのですが、それだけでは人間関係の破滅以外には何もなくなってしまいますので、仏教は慈悲を説き、儒教の五倫五常の説が受容されてきたのです。兼行法師の『徒然草』や、貝原益兼の『養生訓』を見ても、人倫の徳がいかに説かれてきたかは明白です。中でも儒学は情と欲を、宋学のように「本然の性」を傷つけるものとはみなさず、むしろ行動の根源として積極的に肯定し、仁を実証するものと説いてきました。例えば伊藤仁斎は『童子問』で儒教の最高の徳である仁を愛であると力説しています。すなわち彼は「夫れ仁は愛を主として、徳は人を愛するより大なるはなし」と言い、さらに仁は「畢竟、愛に止まる。愛は実徳なり。愛に非ざるときは則ち以て真の徳を見ること無し」と説いています（岩波文庫、六五、七二頁）。そこで最大の問題は愛と衝動との関連であるといえるでしょう。

2　愛と衝動との関係

愛と衝動との関係でまず考えられるのは、両者を同一視する理論であり、これは愛を衝動に還元する自然主義理論です。次に両者の不可分なのを認めながらも、働きが相違するとみなす理論です。最後に両者を分離させる二元論があって、宗教的禁欲主義と結びついて歴史上さまざまな形で登場してきています。

①　愛と衝動との同一視

この考えは自然主義的愛の理論として古くはオウィディウスやルクレティウスによって説かれましたが、今日ではフロイトによって強力に主張されています。ここでは衝動が性衝動とみなされ、リビドーと呼ばれており、すべての愛はこれに還元されています。このリビドーはフロイトによると幼児期に形成されるものですが、何らかの形において昇華されないと、死に向かう暗い衝動となり、精神の病の素となります。ですがこの衝動は性愛によってその目標を達成するでしょうか。あるいは精神的に昇華されて、さまざまな文化活動に結晶するでしょうか。そもそも、こうした昇華によって欲求の質が本当に高まり得るのでしょうか。

ですが真の問題は、果たしてリビドー自体にそのような創造的な力が存在しているのであろうか否か、ということです。むしろ、この衝動は生のより高い次元から目標を与えられて方向づけられないかぎり、単にその衝動を量的に満たすことによっては決して鎮まらないのではないでしょうか。

②　愛と価値の選択

先の自然主義の基本的特質は、自然的生命の領域以外を決して認めようとしない点にあり、自然的生命を超えた精神的・人格的領域を虚妄であるとして拒否するところに見られます。ですが、すべての愛をリビドーの下部構造から一元的に説明することは不可能であり、フロイトといえども晩年においてはこれに気づいていたのです。

もちろん衝動を伴わないような愛は考えられません。それは概念と感覚的直観との関係に似ています。カントは「直観のない概念は空虚であり、概念のない直観は盲目である」と言いました。

同じことは衝動と愛についても言えるでしょう。すなわち「衝動のない愛は空虚であり、愛のない衝動は盲目である」と。愛は元来自己から出発していって他者に向かう運動です。ところで愛に衝動が欠けていると、わたしたちは決して他者に達することなく、自己に立ち戻って、空想に耽っているうちに萎んでしまいます。衝動は愛を運んでいって目的地にいたらせる力ではないでしょうか。それは、ちょうど人工衛生を遥かな宇宙空間の軌道にまで運んでいくロケットのようなものです。莫大なエネルギーによって打ち上げられて初めて人工衛星は軌道に乗ることができます。同様に、愛が目的に到達するためには衝動のエネルギーを必要とします。ところで愛がないと衝動は、エネルギーを無駄に消費するだけで、正しい軌道に乗ることはできません。愛は欲求された対象の内により高い価値を捉え、それを対象の内に実現するように努めていると言えましょう。

愛は対象の内に付着している特性という感覚的に認められる価値に、最初は衝動とともに引き付けられているのですが、愛自身の鋭い認識の働きによって対象のもっている価値の中核にまで迫っていきます。こうして人格的な愛のわざは生まれてくるといえましょう。それに対し衝動も対象の価値を或る程度感得していても、自己の欲求を満たすことが主となっているため、ともすると何ら相手を選ばない無差別的な行動に陥ってしまいます。性愛もすべての愛と同様に性衝動を伴いながら異性の内により高い価値を認めて、それを実現していこうとする運動なのです。したがって性愛は性衝動に還元できるものではなく、生命よりもより高い価値を求め、それを捉えた上で衝動を導くのですから、性衝動に充実と満足とを与え、生活に秩序を付与しているといえるでしょう。

③　愛の秩序

こうした生活の秩序というものは、高低の価値の序列によって与えられています。この価値の序列は、一般的には、精神価値・生命価値・快適価値・実用価値の四段階によって示されています。さらに精神価値には真・善・美の三つの価値とそのうえに宗教的「聖」価値とが認められています。こうして上なる価値は下なる価値を導き方向づけを与えることによって価値の秩序が与えられます（詳細は第Ⅰ部第五章3参照）。そして愛はこの価値を認識し、自己の生活にそれを実現するとき、自己の内に愛の秩序を形成し、独自の文化を創造するのです（詳しくは金子晴勇『愛の秩序』創文社を参照されたい）。

わたしたちはキリスト教文化をこの愛の秩序によってその特質を明らかにすることができます。アガペーという神の愛は聖なる愛であって、人間の内には元来存在しないものですが、この愛が心中に注がれると、人間の愛もその導きによって正しい軌道に乗せられることになります。人間の愛は元来きわめてはかなく、脆いものですが、こうして内から補強されると、強力な神の愛の担い手や道具ともなることができます。したがってキリスト教では現実的な人間の愛の有様を熟知した上で、神の愛の支えを祈り求め、宗教的な愛に生きることが説かれ、かつ、実行されているといえましょう。

第五章　教養・教育・死生観

文化には外部からの多様な要素を受け入れながら新しい形式に統合していくプロセスがあります。それは一般には文化変容と言われています。この文化変容もしくは文化総合は社会的・政治的な時代の要請に発している場合が多いとしても、統合する主体の教養によって現実には実現します。つまり「生活様式」としての文化は個人の「教化」によって得られた教養に基づいて具体化されるのです。

1　文化統合の主体としての教養

この文化統合の主体こそ文化の本来的な担い手です。古くから「教養文化」として説かれていたものです。ところが今日では古来の文化概念が文化人類学の影響もあって背景に退いていますが、依然として重要な意義をもっていることには変わりません。その際、日本での戦後八〇年間の教育の歩は、アメリカの強力な指導の下にヨーロッパ的な教養概念が教育制度として導入されたにもかかわらず、残念なことにそれが成功しなかったことは明らかです。もちろん日本がヨーロッパ文化を受容しはじめた頃には、ヨーロッパの教養概念――それは古典古代やルネサンス期の人文主義に由来していますーーそれ自体が崩壊に瀕していたことも認めなければなりません。つまりわたしたちの間では教養抜きの専門教育という実学的傾向がますます重要視され、今日でもなお教養蔑視の気風を創りだしています。ところがこれまでの文化の歩みから明らかなように、専門的な知識を生かすも殺すも人格の基礎となっている教養次第なのです。ヨーロッパではこの教養は古典文化とキリスト教との総合として古代末期やルネサンス以来育成されてきました。しかし一九世紀以来、両者を相容れないものとする風潮が世俗化の影響もあって強くなり、それが教養概念の危機の一つの原因であったのです。それでも文化の特色は多様に専門分化している知識を一つに統合する核心である教養の精神に求めることができます。

2　日本人の精神的特質

このことをとくに明瞭に示している事実を明治時代の自由民権運動の指導者、中江兆民『一年有半』の一節が表明していますからそれを引用してみましょう。

諸外国の人と比べてみると、日本人は、ものごとの道理にたいへん明らかで、よくその時代の必要に応じて移り変り、けっして頑固な姿がない。これが日本の歴史を調べてみても、西洋諸国のように、悲惨でバカバカしい宗教戦争がない理由である，明治になって立ちなおったが（明治維新のことです）これもほとんど刃で血をしらずして成功したのであって、三百の大名たちが先を争って土地と政治権力とを天皇にささげ、少しもぐずぐずしなかったのも、この理由からである。そこで昔からの風俗習慣をいっぺんに変えて、これを西洋風にし、昔をふりかえるところが少しもないのも、この理由による。そして日本人の軽佻浮薄というたいへん悪いやまいも、またここから出てくる。日本人の薄志弱行という大へん悪いやまいも、またここから出てくる。独創的な哲学がなく、政治には主義がなく、政治の争いにおいても長続きしない、その原因もここにある。つまり小ざかしくて、小利口で、偉大な事業を達成するには不適当な理由である。きわめて常識的な人間だが、常識以上にとび出すことは、とうてい望むことはできない。すみやかに教育の根本を改革して、死んだ学者よりも、生きた人民をつくり出す努力が必要だというのは、このためである。

このように善い面は、ものの道理がよくわかり、適切な行動ができ、宗教戦争などないと言えるでしょう。このことは明治維新を見るとよくわかります。しかし、ものにこだわりがなさすぎて、軽佻浮薄になってしまう。そこで教育を改革して、死んだ学者ではなく、生きた人間を創るべし、と彼は提案するのです。

確かに日本には八百万の神がいて、唯一神は存在しませんでした。そのため道徳的行動に絶対的な基準がなく、状況に応じた対応が「ものの道理」として考えられてきました。このことは日本文化の特色を純粋文化ではなく、統合（雑種）文化となしています。この点を藤田省三は『天皇制国家の支配形態』の中で次のように語っています。すなわち「日本の思想の弱さは，状況次第でくるくる変わる流水性にあるのだが，思想にとって重要なことは、単に状況判断や，さらには視覚が変らないということにあるのではないであろう。重要なのは，視覚を状況に応じて変えてゆく場合にも，その底を貫いて，価値意識と従って又一定の思惟方法が一貫していることである。だから『変転』のワクには限度がある。思想の堕落は，そのワクを外す点にある」と。

3　統合文化

したがって日本文化の特徴は、明治以後ではヨーロッパと自国の二つの要素が深いところで絡んでおり、どちらも抜き難いことです。つまり日本文化は統合文化の典型となっているように思われます。ここでいう統合とは根本が雑種だという意味です。ヨーロッパの文化がいかに深く日本に根をおろしているかという証拠は、日本風といわれるものが常に精神的なものばかりで、現に日本の伝統的文化をたたえるその当人が自分の文章を毛筆ではなくてペンでかき、和とじではなくて西洋風の本にこしらえ、その本の売れゆきについては、英国で典型的に発達し日本では「ゆがめられた」といわれる資本主義の機構の働きを感じているのです。彼は書斎では和服かもしれぬが外へ出るときは洋服である。つまり日本人の日常生活にはもはやとりかえしのつかない形でヨーロッパの文化が入っているということになります。こうして政治・教育、その他の制度や組織の大部分も、西洋の型をとってつくられています。したがって和洋折衷は洋間と和室のように一軒の中に混在しています。そこには真の総合ということがなく、あるのは共存だけです。

実際、キリスト教圏の外で、ヨーロッパ文化がそれと全く異質の文化に出会ったら、どういうことがおこるか。それが日本文化の基本的な問題なのです。そこには徹底的な統合性のもつ積極的な意味があります。とりわけ戦後の民主化の過程から生じた精神上の変化には、もとにひき戻そうとしても、容易にもとへは戻らないものがあります。それは「応答的自己」をもつ日本人の人間としての自覚であって、枝葉の接木としてのヨーロッパ文化の輸入というようなことではないのです。問題はそこから結果をひきだすことです。あるいは自覚の過程をひき戻す力に抗して先へすすめてゆくことです。ヨーロッパの近代的市民社会は到達すべき目標ではなくて、日本の社会と比較対照して参考にすべきものにすぎないのです。第二次世界大戦後、あらゆる社会問題が政治的にも経済的にも国際化する傾向にある時代ではことに、外国を理解することが自国を理解するために役立つはずです。したがって日本の文化の統合性を嘆かなければならない理由はどこにもないのです。

4　戦後の教育の問題

ここで戦後における教育行政でわたしたちがヨーロッパ文化から戦前に引き続き受容した「一般教育」(general education) のことが省みられなければなりません。この教育課程は遠くギリシアに由来し、ローマの「七つの自由学科」として定着し、中世においては三学科と四学科となり、近代に入ってからは大学の最初の二学年にフィロソフィクムとして置かれるようになりました。戦後日本の教育再建の試みとしてこの課程が教養科目として大学に設置されました。こうしてヨーロッパ的な教養文化の理念が導入されたにもかかわらず、技術の修得を一方的に重要視する日本の社会からは専門教育のみが尊重され、専門教育の基礎にあるべき教養課程は遂に受け入れられず、廃止されるようになりました。ここに教養の理念の問題が浮上してきます。確かに文化は今日個人の教化から一般的生活様式に移っているとはいえ、各国によって異なる生活様式の質の根本は各人の教養にあると思います。しかも人間として修得すべき教養は普遍的意義をもっており、相対的な文化理解を超えて規範的な意味を秘めていると考えるべきです。

5　日本的心性と「いじめ」

今日の日本の教育界で最大の問題となっている「いじめ」の現象は日本的な心性の深みに巣食っている現実といえましょう。「いじめ」は本質的に考察すると、一、二の人に親しい関係を結び、他を排除することから起こってきます。この点は先に日本の家族に由来すると本書一七五頁以下で説かれたことから生じています。これは島国という環境に生まれ、外敵の侵入を経験したこともなく、超越的な神に出会うこともなかった民族が何千年にわたって培ってきた性質であると言えましょう。

これは教育技術によって解決できる問題を超えています。問題は人間としての基本的態度にかかわっているからです。なぜなら他者のことを考えて行動するのは倫理の基本ですから。教養は知識の根底にあるべき人間としての生き方にかかわっています。対話の哲学者ブーバーの意見をここに適用するならば、人間の本性に備わっている対話の能力を開発することによって「汝-関係」を一瞬にして消滅させないで、いつまでも持続させることが可能です。ただそれを阻止している社会的習慣の堆積物という障害を克服する課題が残されているにすぎません。このような対話的な応答行為によって社会的な自己意識が家族という小さい範囲に固定化されることなく、すべての人間関係に波及するようになります。こういう課題をヨーロッパの教養概念は絶えず培ってきました。そこに生活様式としての相対的な文化概念を超える普遍的な思想文化の意味があります。なぜなら思想は、生きる意味の探求を通して形成されているからです。ヨーロッパではその歴史が連綿として継続し、指導的な役割を演じ、日常生活に受容されて、血肉となっています。

6　死生観

死をどのように理解するかは文化の理解にとっても重要です。人生の終わりである死と葬儀には、生活様式としての文化の実態が浮き彫りのように顕れています。国々の文化は葬儀において大きな相違を示しています。しかしその背景には宗教的な死と生の理解があることを忘れてはなりません。

キリスト教はイエスの説いた「神の国」の世界の終末における完成によって永遠の生命に移行すると説き、時間の歴史的展開の終わりに永遠が到来するとの期待と希望を説き勧めてきました。ここから文化における生と死の問題はキリスト教的に理解されるようになりました。そこでは死が生によって呑み込まれる出来事が福音や復活として説かれました。

したがって単なる自然死はもはや問題ではなくなり、自然の生命が著しく短くなっている不自然さこそ、人間の本性に反する罪に由来しているとみなされています。それゆえアブラハムが高齢に達し、人生に満ち足りて迎えた死は、やはり大きな祝福なのです。それに反し短く悲惨な人生こそ問題となります。たとえば異教ローマの有名な詩人ウェルギリウスはその著作『農事詩』の一節で「人生の最良の日々はまず哀れな人間から逃れてゆき、病める憂愁な老年と疲労とがそれに続き、かくて厳しくも過酷な死が奪う」と述べていることは大いなる問いをわたしたちに投げかけています。

ところで死に取り囲まれた悲惨な人生は、人が自己の有限性と限界とを知り、自己に頼ることをやめ、また同様に有限な他者に依存することを断念し、永遠者を求め、その意志に従って生きることの他に決して克服されることはありません。真の神は永遠にして全能であり、無限者です。この神に従うことによって人は無限に豊かな恩恵を経験することになります。しかしさまざまな悲惨や恐怖を惹き起す事態に直面すると、人生の最初の肯定は否定せざるを得なくなります。だが、いつまでも悲惨や恐怖の中に止まり続けることはできません。そこで超越者なる神によっていっそ高次の肯定に達したいと願うようになります。生の肯定は死の否定を通して高次の生に達するのではないでしょうか。そしてこの高次の生は「より大きな生」(Mehr-Leben)ではなく、「生より以上」(Mehr als Leben)のものでありたいと願わざるを得ません。キリスト教によると、このような死を媒体とする生の高揚と飛躍とは信仰により生じることになります。

こうしてわたしたちは生から死へ、死から生へと導かれます。はじめの生は自然的生であり、後の生はキリスト教によって説かれる福音的な宗教的な生です。このような死から生への復活は神と人との関係の中で生じており、霊における出来事として現在すでに起こっている、と信じられています。

ここから「自殺」に対する態度がヨーロッパと日本では大きな相違となって現われてきます。一例として自殺未遂者に対する処刑という日本では考えられない問題を考えてみましょう。歴史的記事と統計によるとイギリスのヴィクトリア女王の時代に(一八六〇年ごろ)ロンドンで自殺未遂の男があらためて絞首刑にされました。その男はのどを自分でかき切ったが死にきれなかったのです。これを見てもわかるように当時のイギリスでは、自殺未遂は死刑に値する犯罪だったのです。ところが一九四六—五五年の一〇年間に、イングランドとウェールズで五七九四名が自殺未遂の罪名で起訴され、三〇八名が禁固刑、六九名が罰金刑、三二七名が無罪を宣告されました。この無罪の理由は心神喪失だったからです。確かに自殺未遂者に対する刑罰は軽くなる一方でした。一九五九年の場合は、六九八〇名の自殺未遂者のうち、起訴されたのはわずか五一八名で、禁固刑の判決はゼロでした。翌年末、「自殺を犯罪とみなす法規は廃止する」との自殺法案が議会に提出され、種々審議の末、上下両院を通過して、一九六一年八月二一日、エリザベス女王の裁可を得ました。

わたしは以前イギリスの有名な小説家ゴールスワージーの名作『フォーサイト家物語』を読んでみました。そこには十字路に埋葬された自殺者を踏み付けて歩く場面が描かれていました。これは日本で心中が賛美されていましたから、イギリスだけが異常だったのではなく、かつてのヨーロッパでは、どこも同じように、自殺や自殺未遂はいたるところで犯罪扱いされました。ところが日本では自殺者といえども死者であるかぎりホトケと考えられているため、自殺未遂者に対する処刑など考えられないことです。日本の歴史にはそのような時代はいちどもありません。徳川時代に心中未遂者がさらしものにされたりしたのは、自殺未遂ではなくて、男女の不義に対する処罰だったのです。ヨーロッパでは「心中」にあたる言葉はなく、ロメオとジュリエットのように愛しあった男女がこの世で添いとげられずにともに自殺したときは、ダブル・スウィサイドと呼ばれました。

こうした自殺禁止はキリスト教の死生観に由来しており、古代の末期にゲルマン人によるローマ攻略がおこなわれたさい、敵兵によって辱めを受けた婦人の名誉の自殺さえ禁じられました（アウグスティヌス『神の国』第一巻参照）。さらに具体的には「死後の復活」を考慮して徹底して土葬形式がとられ、人々は教会堂に聖人とともに埋葬されることを願ったのです。こうして聖堂や教会堂およびその周辺の墓地に遺体として埋葬され、絶えず人々との接触が保たれるようになりました。また、死者に対する「終油の秘跡」が定着し、カトリック信者に義務づけられるようになり、キリストに贖われた人間の尊厳が説かれました。

しかしフランス革命以後はカトリックの信仰が一時禁止され、死者と同居していた聖堂は「理性の殿堂」に転化されてしまい、自殺禁止令はヨーロッパから消滅させられてしまったのです。それでもいかに死に対処するかは人間として優れた態度と考えられ、生は義務として厳しく受け止められています。

あとがき

わたしは高等学校生のとき、大沼栄穂先生の指導を受け、哲学のことを教えてもらいました。先生はその後、静岡県の三島にある日本大学の国際関係学部に移っていました。わたしが大学を定年で退職する一年前に、先生から同大学の国際関係学部で「キリスト教文化論」を講義してほしいとの要請を受けました。先生はわたしが処女作『ルターの人間学』を出版したときにも喜んでくださり、キリスト教思想史の研究家であることを忘れないでいてくださいました。

この講義はわたしにとって初めての試みでした。一年間で一六回の講義には、講義内容の要約を準備して臨みました。当時ワープロが普及し始めていましたので、講義の要約を提示しながらわたしは学生に話をしました。そうすると多くの学生には講義内容をらくに理解してもらえました。

最近、驚いたことに手元にこの講義の要約全体が完全な形で保存されていました。今、読み返してみると講義内容が良くまとまっているし、当時の学生たちにとても喜ばれたことを思い出しました。学生の中で国際関係のお仕事に従事された人たちには、この講義内容が役立ったのではないかと思います。

本書は文化論といっても、その意味は初めに説明したように、文化は行動様式の意味で使われています。わたしの若いころには「文化」は「教養」の意味で使われていましたが、文化人類学の流行によって「行動様式」の意味で使われるようになりました。またこの講義には簡単なキリスト教の教えとその歴史がまとまった形で提示されていますので、今でも出版する理由が十分にあると考えるようになりました。

国際化が進んだ今日、学生だけでなく多くの人々にとっても、欧米人が基礎教養として身につけている行動の仕方を正しく知っておく必要を痛感しています。また本書がキリスト教の理解に少しでも貢献できることを願っています。

二〇二四年一〇月

金子　晴勇

人 名 索 引

事 項 索 引

ア 行

カ 行

サ　行

タ・ナ　行

ハ　行

ヤ　行

ラ　行

金子　晴勇（かねこ・はるお）

昭和7年静岡県に生まれる。昭和37年京都大学大学院文学研究科博士課程修了。聖学院大学総合研究所名誉教授，岡山大学名誉教授，文学博士（京都大学）

〔主要業績〕『ヨーロッパ思想史入門—歴史を学ばないものには未来はない』『マックス・シェーラー思想の核心』『人間学入門—自己とは何か？』『「自由」の思想史—その人間学的な考察』『現代の哲学的人間学』『キリスト教人間学』『ヨーロッパ人間学の歴史』『現代ヨーロッパの人間学』『愛の思想史』『エラスムスの人間学』『アウグスティヌスの知恵』『アウグスティヌスの恩恵論』，『宗教改革的認識とは何か—ルター『ローマ書講義』を読む』，ルター『後期スコラ神学批判文書集』，ルター『生と死の講話』『ルターの知的遺産』『エラスムス「格言選集」』，エラスムス『対話集』，グレトゥイゼン『哲学的人間学』，（以上，知泉書館），『ルターの人間学』『アウグスティヌスの人間学』『ルターとドイツ神秘主義』『マックス・シェーラーの人間学』（以上，創文社），『宗教改革の精神』（講談社学術文庫），『アウグスティヌス「神の国」を読む—その構想と神学』（教文館）ほか。

〔キリスト教文化のかたち〕　ISBN978-4-86285-423-0

2024年12月　5日　第1刷印刷
2024年12月10日　第1刷発行

著　者　金　子　晴　勇
発行者　小　山　光　夫
印刷者　藤　原　愛　子

発行所　〒113-0033 東京都文京区本郷1-13-2
電話03（3814）6161 振替00120-6-117170
http://www.chisen.co.jp
株式会社　知泉書館

Printed in Japan　印刷・製本／藤原印刷